고마워요
봉려관

고마워요 봉려관

윤필·이향순 글 | 루스 앨런 그림 | 혜달 감수

1판 1쇄 발행 | 2020년 10월 30일
펴낸이 | 최용선
펴낸곳 | 도서출판 북뱅크
책임 편집 | 이지안
디자인 | 윤정숙
등록 | 제 1999-6호(1999. 5. 3)
주소 | 21453 인천광역시 부평구 백범로 478 종근당빌딩 501호
전화 | (032)434-0174 / 441-0174   팩스 | (032)434-0175   이메일 | bookbank@unitel.co.kr
페이스북 | https://www.facebook.com/bookbankbooks   인스타그램 | @bookbank_book
홈페이지 | bookbank-books.com
ISBN 978-89-6635-125-1 73810

이 도서의 국립중앙도서관 출판시도서목록(CIP)은 e-CIP 홈페이지(http://www.nl.go.kr/ecip)와
국가자료공동목록시스템(http://www.nl.go.kr/kolisnet)에서 이용하실 수 있습니다.
(CIP 제어번호 : CIP2020041030)

* 이 책의 판권은 도서출판 북뱅크에 있습니다. 이 책 내용의 전부 혹은 일부를 재사용하려면
반드시 저자와 도서출판 북뱅크의 서면 동의를 받아야 합니다.

* 잘못된 책은 본사나 구입처에서 바꿔드립니다.

품명 | 아동도서   제조년월 | 2020년 10월 30일   사용연령 | 10세 이상   제조자명 | 도서출판 북뱅크
제조국 | 대한민국   연락처 | (032)434-0174   주소 | 21453 인천 부평구 백범로 478 501호
주의사항 | 종이에 베이거나 긁히지 않도록 주의하세요. 책 모서리가 날카로우니 던지거나 떨어뜨리지 마세요.
KC마크는 이 제품이 공통안전기준에 적합하였음을 의미합니다.

고마워요
봉려관

윤필·이향순 글 | 루스 앨런 그림 | 혜달 감수

북뱅크

 차례

제1장
포구의 소녀, 려관

절샘 마을 ………………………………………… 9
포구의 소녀, 려관 ……………………………… 15
소용돌이는 다가오고 …………………………… 23

제2장
어머니가 되다

꽃피는 봄날, 꽃가마를 타고…………………… 29
시련, 그리고 산천단으로 비양도로 …………… 38
아프고 지친 사람들의 어머니 ………………… 49

제3장
비구니 봉려관이 되다

출가 ·· 57
관음사를 세우다 ·· 83

제4장
조국을 위해 부처의 뜻대로 살다

의병들의 죽음 ··· 111
항일 운동의 터전, 법정사를 세우다 ··································· 119
말을 타고 달리는 스님 ··· 128
폐사가 된 절들을 다시 일으키다 ·· 146
지는 연꽃 자취 없어라 ··· 165

감수자의 말 172

포구의 소녀, 려관

이른 새벽 숲속으로 들어선 려관은 가시덤불 뒤엉킨
곶자왈을 지납니다. 현무암 바위를 뒤덮은 이끼의 축축한
기운이 종아리를 휘휘 감고 올라옵니다.
간밤 비바람에 꺾인 나뭇가지들이 어지럽게 널려 있습니다.
어둠이 걷히는 작은 숲을 벗어나자 콩제비꽃, 털제비꽃,
광대나물로 뒤덮인 들판이 펼쳐집니다.
겨울이 물러간 자리에 어느새 봄이 온 것입니다.
낙엽이 스러진 자리에 피어난 풀꽃을 보자
려관의 마음 한쪽에 느닷없이 싸한 바람이 일었습니다.
"우리도 언젠가는 헤어지고 또 한참을 지난 언젠가
다시 태어나겠지?"
한라산을 한 바퀴 휘감고 내려온 봄이
려관의 깊은 눈망울에 잠시 머뭅니다.

절샘 마을

모처럼 바람이 잔잔해 바다가 평화로운 날 아침입니다.
"오늘은 약재를 구하러 육지에 나가봐야겠구나."
안 처사는 이른 아침부터 분주하게 움직이며 이것저것 챙겼습니다.
제주 화북리 포구에 사는 안 처사는 마을 사람들에게 '의원님'이라고 불립니다. 한의사는 아니지만, 이렇다 할 한의원도, 변변한 약재상 하나 없는 이곳에서 약초에 해박한 데다 마을에 위급한 환자가 생기면 달려와 처치해주고 필요한 처방을 내려주는 유일한 사람이 안 처사기 때문입니다.

그러나 막상 집을 나서려니 만삭의 부인이 걸렸습니다.

"보름이 걸릴지 한 달이 걸릴지… 좋은 약재를 바로 구하지 못할 수도 있고… 비바람도, 풍랑도 만나지 말아야 하고…."

"그런 말씀 마시고 편히 다녀오십시오. 당신이 좋은 약재를 구해와야 사람들도 마음을 놓을 수 있지요. 좋은 약재를 구하지 못하면 병들고 아픈 이들을 누가 살릴 수 있겠습니까?"

안 처사가 안절부절못하며 자꾸만 망설이자 아내가 이렇게 말했습니다. 안 처사는 그나마 마음이 놓였습니다.

"당신 말이 맞소. 빈터만 덩그러니 남아있는 절터의 절 샘까지 가서 날마다 물을 길어오는 당신 정성이 가장 큰 힘이 되오."

아내는 뱃전에 선 남편의 모습이 보이지 않을 때까지 손을 흔들었습니다. 그리고는 집으로 돌아와 남편이 귀한 약재를 구해 무사히 돌아오기를 빌었습니다.

"마님, 처사님도 안 계시고 곧 아기가 태어날 것 같은데… 절샘까지 가서 물을 길어 오는 건 저희에게 맡기시지요."

시중을 드는 어멈들이 말을 해도 부인은 고개를 저었습니다.

"곧 아기가 세상을 만날 테고, 나으리께서도 돌아오실 테니 더욱 마음을 다해야지."

주변 사람들의 만류에도 부인은 아침마다 깨끗한 물을 길어와 기도하기를 멈추지 않았습니다.

한 달 정도 시간이 흘렀습니다.

혹시 자신이 집을 비운 사이에 아기가 태어났을까, 약재를 구해 제주로 돌아오는 배를 탄 안 처사는 포구가 가까워질수록 마음이 조급해졌습니다.

드디어 포구에 배가 닿아 내리는데 집안의 일꾼이 달려와 소리쳤습니다.

"나으리, 빨리 오셔요. 곧 아기가 태어날 것 같습니다."
"정말이냐?"

안 처사는 한달음에 집까지 달려갔습니다.

대문을 막 들어서는데, 안에서 갓난아기의 울음소리가 크게 들려왔습니다. 곧 방문이 열리고 시중드는 어멈 하나가 대야를 들고 나왔습니다. 산파 할멈이 안 처사를 발견하고는 안으로 들어오라는 손짓을 했습니다. 안 처사는 조심스럽게 방 안으로 들어섰습니다. 부인 신씨 옆에 자그마한 생명이 누워 있었습니다.

"부인, 정말 고생했소. 부인 덕분에 이렇게 귀한 둘째를 얻었구려."

부인이 옆에 누워 있는 아기를 돌아보았습니다.
"어머나, 벌써 세상이 궁금한지 눈을 뜨고 있어요!"
부인의 말에 안 처사가 대답했습니다.
"지혜롭게 자랄 것 같소. 학식과 덕망이 높은 스승님을 찾아 이 아이의 이름을 받아오리다."

얼마 후 안 처사는 스승에게 받아온 종이를 펼쳐 부인에게 보여주었습니다. 종이에는 오두막집 려(廬), 볼 관(觀), 이렇게 두 글자가 쓰여 있었습니다.

안 처사는 이름으로 쓰인 글자의 뜻을 부인에게 설명해주었습니다. 남편의 말을 들은 신씨 부인은 이름이 적힌 종이와 품에 안고 있는 딸의 눈을 들여다보았습니다.

"려관? 오두막처럼 잠시 머물다 가는 것이 우리네 삶이라는 걸 보라는 뜻일까요? 아니면 이 세상이 오두막처럼 보잘것없음을 보라는 뜻일까요?"

부인의 말에 안 처사가 대답했습니다.

"평범하지는 않은 이름이지. 스승께서 큰 사람을 낳았다고, 잘 키우라고 거듭 당부하며 지어주셨소."

그때가 1865년 여름이었습니다.

포구의 소녀, 려관

배가 들어오는 날이면 화북리 포구는 떠들썩하고 활기에 넘쳤습니다. 온갖 짐들과 사람들이 시끌벅적하게 모였다가 흩어지고 주변의 가게들도 덩달아 북적였습니다.

려관은 호기심이 많아 아침밥만 먹으면 집 밖으로 나섰습니다. 이제 일곱 살이지만 동네 어귀를 돌아 큰 절까지 가기도 하고, 특히 배가 들어오거나 떠나는 날이면 포구까지 달려가곤 했습니다.

려관은 바다 저편의 뭍, 육지가 궁금했습니다. 눈을 반짝이며 려관이 그런 자신의 마음을 이야기할 때마다 어머니는 펄쩍 뛰었습니다.

"얼마나 먼 곳인데… 배를 타고 육지에 나가는 게 쉬운 일인 줄 아느냐? 험한 바닷길을 건너야 하지, 태풍도 무섭고 폭우도 무섭지. 얘야, 아예 그런 생각은 꿈도 꾸지 말아라."

어머니의 그런 말도 어린 려관을 잡아둘 수 없었습니다. 배가 들어오면 여지없이 포구로 달려가 배에 가득 싣고 온 물건과 사람들이 내리고, 또다시 뭍으로 향하는 사람들이 배에 올라 떠나는 광경을 지켜보았습니다.

제주에서 목포까지, 부산까지, 제물포까지 배를 타고 오가려면 몇 날 며칠을 바다에서 지내야 했습니다. 어머니의 말처럼 태풍이나 풍랑을 만나 목적지에 닿지도 못하고, 세상을 떠나는 일도 많았습니다. 그래서 제주 사람들은 항상 남편이나 아들, 부모형제가 집을 떠나면 무사히 돌아오기만을 맘 졸이며 간절히 빌었습니다.

그런 날들 중 하루였습니다. 려관의 눈에 한 여인의 모습이 들어왔습니다. 장사꾼들도 전을 거둬들이고 떠난 포구 빈터에서 홀로 남아 바다를 향해 멍하니 서 있는 여인….

그 여인은 바로 려관의 옆집 아주머니였습니다. 언제나 웃으며 려관을 반기던 그 아주머니가 포구를 떠나지 못한 채 저렇게 서성이는 일이 벌써 해를 넘기고 있었습니다.

일 년 전의 일이 생생하게 떠올랐습니다. 옆집 아주머니는 남편과 아들이 돌아올 날이 가까워오자 배가 들어올 때면 포구에 나가 있곤 했습니다. 그러던 어느 날, 아주머니는 비명을 지르며 바다 쪽으로 내달렸습니다. 너덜거리는 돛을 단 배가 멀리서 모습을 드러내며 힘겹게 포구 쪽으로 들어오고 있었습니다. 바람을 받아 팽팽하게 견뎌야 할 돛이 너덜너덜 찢겨져 있어 한눈에 보기에도 심상치 않아 보였습니다.

'사람들은 무사할까?'

동네 사람들이 모여 그 배를 정박시키고 보니 이미 숨을 거둔 옆집 아주머니의 남편과 겨우 숨이 붙어있는 아들이었습니다.

아이고! 옆집 아주머니는 외마디 비명을 지르며 그 자리에서 쓰러지고 말았습니다. 어린 려관은 집으로 뛰어들어가 약을 찾았습니다.

"아버지, 옆집에 큰일이 났어요!"

안 처사는 우선 구급약을 려관에게 건네주고 뒤따라갔습니다.

그러나 그 아들은 끝내 숨을 거두고 말았습니다.

동네 사람들은 숨을 거둔 아버지와 아들의 시신을 수습하면서 행여 어린 려관이 볼까 봐 저리 가라고 손짓을 했습니다.

"아이들은 보는 게 아니다."

그러나 려관은 이미 본 뒤였습니다.

려관이 이제껏 한 번도 본 적 없는 얼굴이었습니다.

옆집 아주머니는 어렵게 깨어났지만, 그 뒤로 전혀 다른 사람이 되어버렸습니다. 려관을 보면 다정하게 웃고 반겨주던 모습은 온데간데없고 단정하던 옷차림도 꼬질꼬질하게 때가 묻은 채로 눈만 뜨면 포구로 나가 서성거렸습니다.

하루 이틀 사흘, 봄 여름 가을 겨울, 달이 바뀌고 해가 지나는 동안 아주머니의 모습은 점점 더 남루해졌고, 머리도 산발이 된 채로 바다를 향해 알아듣기 힘든 말을 중얼거리며 서 있었습니다.

"그날 이후로 저렇게 제정신이 아닌 채로 남편과 자식을 기다린다는 거야."

포구에서 사람들이 가엾다고 혀를 차며 하는 말을 듣고 려관은 포구에 갈 때면 먼저 옆집 아주머니를 찾아 집에서 가져온 떡이라도 건네주곤 했습니다. 아주머니는 정신이 오락가락하는 중에도 려관이 주는 떡을 받아먹으며 고맙다는 말을 하기도 했습니다.

가을이 지나고 날이 추워지기 시작하자 려관은 어머니에게 말했습니다.

"어머니, 날도 춥고 바람이 너무 무섭게 불어요. 어른이 입을 솜저고리하고 신발 한 켤레를 주시면 안 될까요?"

신씨 부인이 어린 딸을 보았습니다.

"그 옷과 신발이 왜 필요하니?"

려관은 눈물까지 그렁해져서 어머니에게 매달리며 말했습니다.

"옆집 아주머니가 매일 포구를 헤매다니느라 옷이 다 해졌어요. 신발도 없고, 발도 상처투성이고요. 겨울이 오는데 떨어진 옷과 맨발로 바닷가에 서 있으니 얼마나 춥겠어요? 옷과 신발을 갖다주고 싶어요."

딸의 간절한 얼굴을 보자 부인은 그 청을 들어줄 수밖에 없었습니다.

어머니가 준 솜옷과 신발을 가지고 려관은 옆집 아주머니가 항상 서성이던 포구 쪽으로 달려갔습니다. 달려가는 딸의 모습을 보며 신씨 부인은 안 처사에게 말했습니다.

"인정이 많고 착한 건 좋은 일인데… 어린 나이에 너무 생각이 깊어 마음 쓰입니다."

"독하고 악한 것이 걱정이지, 착하고 인정 많은 게 무에 걱정이란 말이오? 우리 딸은 잘 자랄 터이니 마음 놓으시오."

안 처사의 말을 들은 신씨 부인은 딸이 달려간 포구 쪽으로 시선을 돌렸습니다.

소용돌이는 다가오고

한반도의 남쪽 섬, 제주도에도 19세기 말 나라 안팎의 어지러운 소용돌이는 밀려왔습니다. 1876년, 일본은 조선을 무력침략하여 불평등조약인 강화도조약을 체결하게 했습니다. 그런 소식이 제주까지 들려오자 사람들이 수군거렸습니다.

"육지에는 난리가 났대! 일본놈들이 포를 쏘며 강화도로 쳐들어와 나라를 열라고 했다네."

특히 일본과 가까이 있는 제주 사람들은 그런 정세에 더 민감했습니다.

"왜 강화도에 쳐들어간 거지?"

"임금님이 계시는 한양이 코앞이잖나."

려관의 집 사랑방에는 어른들이 자주 모였습니다. 그들은 모이면 근심 가득한 얼굴로 두런두런 그런 말들을 나누었습니다.

려관은 벌써 열 살이 넘었습니다.

어머니는 려관에게 말했습니다.

"이제는 이전처럼 밖으로 나가 뛰어다니면 안 된다. 어디를 가더라도 혼자 다니지 말고."

지금과는 달리 여자들이 학교에 다니거나 사회활동을 할 수 없었던 시절이었습니다. 그래도 려관은 여유롭게 사는 집안의 딸이라 글도 배울 수 있었고, 약재에 대한 지식이 풍부했던 아버지의 영향을 받아 약재에 대해서도 잘 알았습니다.

려관이 열다섯 살이 되던 해 혼담이 들어왔습니다. 안 처사와 신씨 부인은 사윗감이 배움도 있고 인물도 잘나고, 형편이 넉넉했으면 했습니다. 그리고 무엇보다 딸을 이해하고 귀하게 여기는 사람이어야 한다고 생각했습니다.

여러 명의 신랑감 후보 중에 현국남이란 청년이 마음에 들었습니다. 집안 살림살이도 부족하지 않은 데다 글을 읽고 책을 가까이하는 선비라는 사실이 무엇보다 흡족했습니다.

"열여덟 살이 되면 혼례를 치르기로 하자."

그때부터 려관은 살림법을 배우기 시작했습니다. 옷을 짓고 장을 담그면서 자신이 꾸려야 할 앞날을 그려보곤 했습니다. 려관의 부모는 그런 딸을 보며 흐뭇해했습니다.

"저토록 모든 일에 열심이고 총명하니 누구보다 잘살겠지!"

이런 부모의 기대만큼 려관도 혼례를 앞둔 처자답게 앞으로 다가올 날들이 얼마나 행복할까, 설레기도 했습니다.

어머니가 되다

눈 내리는 겨울 바다를 떠도는 영혼만큼이나
제주를 아프게 한 것은
그 깊은 곳에 사랑하는 이를 묻은 자들의 비통함이었습니다.
물질하는 아낙들의 채 삭지 않은 울음이
테왁에서 부부거리고
노란 감귤을 향해 뻗친 사람들의 손바닥에는
숯덩이가 떨어집니다.
불 꺼진 방에서 꺼이꺼이 울며 조금씩, 아주 조금씩
진땀과 고열로 말라가는 이들이
아들을 찾아, 아버지를 찾아, 남편을 찾아 구천을 떠돕니다.
왜 이런 고통이 존재하는 것일까?
이 의문은 려관의 마음을 흔들었습니다.

꽃피는 봄날, 꽃가마를 타고

1882년 봄이 되었습니다.

한반도에서 가장 봄이 빨리 오는 제주에 왕벚꽃과 유채꽃이 흐드러지게 피었습니다.

열여덟 살이 된 려관은 혼인잔치를 하고 시집으로 가는 꽃가마에 올랐습니다.

"꽃보다 더 고운 새색시네!"

훤칠하게 잘생긴 신랑, 고운 새색시는 아주 잘 어울리는 한 쌍이었습니다.

이제 안 처사와 신씨 부인의 둘째 딸 려관이 남편 현 처사의 아내가 되어 새로운 삶을 살게 된 것입니다.

려관의 남편 현 처사는 관아에서 일했습니다. 새색시

려관은 평안하고 행복했습니다. 남편 현 처사가 집안일에 신경쓰지 않도록 집안을 알뜰살뜰 꾸려나가며 화목하게 지냈습니다.

두 해가 지났을 때 첫딸 경우가 태어났습니다. 려관이 어머니가 된 것입니다. 그 밑으로 둘째 딸 경화, 아들 종식을 낳았습니다. 귀여운 아이들에 든든한 남편까지, 려관은 햇살 같은 평화로움을 느꼈습니다.

그러나 한 걸음만 집 밖으로 나가면 전혀 다른 세상이 펼쳐졌습니다. 일을 마치고 저녁에 돌아오는 남편의 얼굴이 언제부터인가 점점 어두워졌습니다.

"바깥일이 힘드십니까?"

려관의 말에 남편은 고개를 저었습니다.

"일이 힘들기보다는 마음이 괴롭소."

"무엇 때문입니까?"

"살림살이가 어렵고, 굶주림을 견디지 못하는 백성들이 도둑질을 하다 잡혀와 벌을 받는 것이 괴롭고, 그들에게 죄를 물어 매를 내리고 처벌하는 것도 너무나 고통스

럽소."

려관은 아무 말도 할 수 없었습니다.

그저 집 밖의 고통과 슬픔이 집 안으로 밀려들여오지 않았으면 하는 간절한 마음으로 아이들을 더 열심히 돌보고 더 정성껏 살림을 해나갔습니다. 대문의 빗장을 단단히 닫아걸고, 그런 불행과 고통이 막아지기를 바랐습니다.

하지만 시름과 걱정은 문을 닫아도 스며들어오는 어둠처럼 려관의 마음을 옥죄어 왔습니다. 게다가 아직 어린 아들 종식과 첫째 경우가 자꾸만 아팠습니다. 애지중지 돌보며 정성을 다해도 아이들이 시름시름 앓자 려관은 몹시 힘들었습니다.

'차라리 내가 아프면 좋으련만…. 아무리 내가 부모라도 대신 살아주고 아파줄 수가 없구나.'

열에 시달리며 고통에 잠 못 들며 끙끙 앓는 아이들 옆에서 꼬박 뜬눈으로 밤을 새며 려관은 탄식했습니다.

그러던 어느 날, 대문 밖에서 목탁 소리와 함께 시주를 청하는 염불 소리가 들려왔습니다. 려관은 바가지에 쌀을 정성스레 담아 밖으로 나갔습니다.

"스님, 저희집 아이들이 부디 아프지 않고 잘 자라도록 부처님께 기도해주십시오."

려관이 정성스럽게 건네는 쌀을 받은 스님이 합장을 하고는 려관을 바라보았습니다.

"보살님 소원이 무엇입니까?"

"제 아이들이 무탈하게 잘 자라는 거 말고, 무슨 다른 소원이 있겠습니까?"

소박하게 웃으며 말하는 려관에게 스님은 다시 합장을 하더니 이렇게 말했습니다.

"그러면 제가 하라는 대로 하시겠습니까?"

"그럼요. 아이들이 건강하게 자라기만 한다면 무엇이든 다 하겠습니다."

려관의 말을 듣자 스님은 등에 메고 있던 바랑에서 무언가를 꺼냈습니다.

"보살님, 이건 제가 항상 모시고 다니는 관세음보살님입니다."

나무로 된 자그마한 관세음보살상이었습니다.

왜 불상을 꺼내는 것일까, 려관이 의아해하자 스님이 말했습니다.

"보살님, 마음속에 근심이 많으시군요. 아이들이 잘 자라기를 원한다면 이 부처님을 조용하고 깨끗한 곳에 모셔 두세요. 그리고 시간을 내어 온 마음으로 관세음보살, 관세음보살, 이렇게 부르십시오. 그러면 아들딸 모두 잘 자라고 근심 걱정이 사라질 것입니다."

려관은 놀랐습니다. 스님이 항상 모시고 다니던 관세음보살상을 그 자리에서 주시다니!

려관은 눈이 번쩍 뜨이는 듯했습니다.

그날부터 려관은 집안을 깨끗하게 치우고 조용한 방에 관세음보살상을 모셨습니다. 그러고는 관세음보살, 관세음보살… 염송하기 시작했습니다.

남편은 이런 려관이 못마땅했습니다.

"선비의 아내가 집에 불상을 모시고 기도를 하다니! 당신 제정신이오?"

남편의 타박에도 려관은 자세를 흩뜨리지 않고 담담하게 말했습니다.

"자비로운 관세음보살님께 기도만 하면 우리 집안도 잘되고, 아이들이 행복하게 잘 살아갈 수 있다고 스님께서 말씀하셨어요. 그런데 그 기도를 왜 하면 안 됩니까?"

사리에 어긋나지 않은 려관의 말에 남편은 싫은 내색을 하면서도 더 말릴 수는 없었습니다.

그때부터 려관의 생활은 조금씩 변하기 시작했습니다. 아이들을 키우고 살림을 하면서도 끊임없이 관세음보살을 부르고 생각했습니다. 막내딸 목련이 태어난 것도 그

시기, 1900년 려관의 나이 서른여섯 살 때였습니다. 둘째 딸 경화와도 열 살이나 차이가 나는 늦둥이였습니다.

막내딸까지 태어나자 남편은 려관이 집안일에만 전념하기를 바랐습니다. 하지만 려관이 더 기도에 정진하자 대놓고 화를 냈습니다.

"당신은 4남매를 키우는 어머니요. 그리고 나를 내조하면서 집안 살림을 꾸려가야 하는데 틈만 나면 방 안에 들어가 관세음보살만 찾고 있으니, 그렇게 기도가 좋으면 차라리 집을 나가시오!"

남편이 불처럼 화를 내는데 려관은 오히려 마음이 차분해졌습니다. 그동안 관세음보살을 부르며 기도를 하던 시간들을 되돌아볼 수 있었습니다. 기도를 하며 려관 자신이 조금씩 바뀌어갔다는 걸 깨닫는 순간이기도 했습니다.

'나는 그동안 무엇을 위해, 왜 기도했지? 처음에는 내 아이들, 남편과 집안, 그리고 내가 잘 살고 싶어서였어. 그런데 내 아이들, 남편과 집안, 나만 잘 살 수 있을까? 세상의 고통에 높게 담을 쌓고 우리 식구들만 그 안에서 행

복할 수 있을까?'

그 생각이 드는 순간, 려관은 큰 결단을 내렸습니다.

'기도에 집중할 수 있게 가까운 곳에 집을 구하자!'

그리고 오가며 아이들을 돌보고 살림하면서 기도에 전

념하기로 마음먹었습니다.

그런 려관을 이해하는 사람은 아무도 없었습니다.

"열 살이 넘은 아들딸은 그렇다 쳐도, 갓 태어난 젖먹이까지 두고 기도한다고 나가다니…."

사람들은 비웃었습니다.

거친 땅과 바다를 터전으로 먹고 살아야 하는 제주 사람들에게 가장 무서운 것은 태풍과 폭우, 풍랑 같은 자연재해였습니다. 그러다 보니 제주 사람들은 부처님을 모시고 기도하는 일이 일상이고 자연스러웠습니다. 그러나 조선후기 유교를 숭상하며 불교를 배척하고 억압하는 정책이 2백 년 넘게 이어지자 사람들의 마음에서 부처님은 멀어졌습니다.

려관은 자신을 이해하지 못하는 남편, 손가락질하는 사람들의 시선은 아랑곳하지 않았습니다. 집 가까이서 관세음보살 부처님을 모시기에 적합하다 싶은 집을 구했습니다. 그곳에서 다른 일에 방해받지 않고 집중해서 관세음보살을 부르며 기도에 전념해야겠다고 다짐했습니다.

시련, 그리고 산천단으로 비양도로

시주를 권하는 스님으로부터 받은 관세음보살상을 모시고 기도를 시작한 지 2년, 따로 집을 구해 나와 기도 정진을 한 지 1년이 흘렀습니다.

그날도 려관은 새벽부터 일어나 기도를 하고 있었습니다. 그런데 갑자기 문밖이 소란스러워졌습니다. 웅성거리는 소리, 거친 발자국 소리가 이어졌습니다.

"저 미친 여자를 끌어내자고! 집안도 내팽개치고 자식도 떼놓고, 요사스럽기 짝이 없지."

"흉년도 계속 들고 태풍이 몰려오는 건 영등할망, 설문대할망의 노여움을 샀기 때문이야."

소란스런 소리에 려관이 내다보니 마을 장정들이 사나

운 기세로 몰려오는 중이었습니다. 앞에 횃불을 든 사람 뒤로 몽둥이를 든 사람, 심지어는 낫을 휘두르며 따르는 사람도 보였습니다.

"동네 한가운데서 새벽부터 혼자 불상을 모시고 주문을 외니 나쁜 일이 끊이지 않는 거야."

마을 장정들은 려관을 낫과 몽둥이로 위협하면서 불단에 모셔진 관세음보살상을 때려 부쉈습니다. 그 광경을 지켜보는 려관의 마음은 찢어지는 듯했습니다. 차라리 자신이 다치는 게 낫지 부처님상이 산산조각으로 부서지는 건 차마 보기 힘들었습니다.

"한 번만 더 이곳에서 기도를 하면 더 험한 꼴을 당할 테니 그리 알아!"

장정들은 불상과 불단을 다 부순 다음 불까지 질렀습니다. 그들의 사나운 기세처럼 불길이 거세게 타올랐습니다. 그렇게 그들이 떠나고 방 안에는 잿더미로 변한 불상과 어지러운 발자국과 남았습니다.

'관세음보살.'

려관은 마음속으로 관세음보살을 부르며 합장했습니다.

어느새 먼동이 밝아왔습니다. 려관의 눈에서 한 줄기 눈물이 흘러내렸습니다.

'저들 마음에 분노가 가득차 있구나. 내 아이들이 함께 살아가야 할 이웃인데…. 우리 집, 우리 식구가 잘 살고 행복해지려면 저들도 다같이 잘 살아야 하지 않을까?'

려관은 깨끗한 종이를 펼쳐 재가 되어버린 불상을 곱게 쌌습니다. 그러고는 합장을 하고 다시 불을 붙였습니다. 환하게 불길이 타올랐습니다.

'저 이웃들을, 모든 이들을 위해 기도를 더 해야겠다. 그러면 당연히 우리 아이들도 더 잘 살아갈 수 있어.'

타오르는 불길 속에서 관세음보살의 모습이 더욱 뚜렷하게 보였습니다. 그때 려관의 마음에 산천단이 떠올랐습니다.

한라산 자락에 자리한 산천단은 제주 사람들에게 신령한 터였습니다. 하늘을 향해 제사를 지내는 자리가 바로 산천단이었기 때문입니다.

 려관은 걷고 또 걸어 산천단에 도착했습니다. 하늘과 땅을 잇는 산천단 소나무들이 묵묵히 세월을 떠받치고 있었습니다. 사람들의 발길이 잘 닿지 않는 산천단, 하늘이 보이지 않을 정도로 울창한 나무 아래서 려관은 떠나온 동네와 그곳에 두고 온 사람들을 생각했습니다.

 애지중지 자신을 키워준 부모님, 죽는 날까지 평생을 같이 하리라 믿었던 남편, 그리고 자신의 목숨보다 더 사랑하는 아이들…. 그들의 모습이 생각날 때마다 려관은 하늘을 올려다보았습니다. 밤하늘 별은 어둠 속에서 더 반짝였습니다.

 '산천단에서 새롭게 관세음보살을 모시고 기도 정진하리라.'

 이렇게 각오를 다진 려관은 자신을 쫓아낸 동네 사람들에게도 부처님의 빛이 비추기를 빌었습니다. 그들의 핍박으로 인해 오히려 성스러운 땅 산천단에서 오롯이 기도에 정진할 수 있으니 좋은 일이라고 생각했습니다.

려관은 혼자 힘으로 초막을 짓고 기도에 몰두했습니다.

관세음보살, 관세음보살, 관세음보살….

아름드리나무들이 숲을 이루어 낮에도 하늘이 잘 보이지 않는 산천단은 밤이 되면 더욱 캄캄했습니다. 하지만 그 어둠 속에서도 달과 별은 땅을 비추었고, 그 빛을 보며 려관은 부처님의 뜻을 새겼습니다. 어둠 속에서도 가려지지 않는 빛처럼, 부처님의 진리 역시 그럴 것이라는 깨달음이었습니다.

그렇게 매일 기도를 하던 려관은 동네 장정들이 몰려와 부숴버린 관세음보살상이 자꾸만 생각났습니다.

'산천단에 관세음보살님을 모셔야겠다.'

그 뒤로 려관은 관세음보살상을 찾으러 다녔습니다. 모셔올 만한 관세음보살상이 있다는 말을 들으면 거기가 어디든 달려갔습니다.

그날도 산천단에 모실 관세음보살상을 찾으러 갔다가

빈손으로 터덜터덜 걸어오던 길이었습니다. 나이든 할머니 한 분이 길가에 쪼그리고 앉아 있었습니다.

"어디 편찮으세요?"

려관의 말에 할머니는 고개를 저으며 그저 힘이 딸려서 잠깐 쉬고 있노라고 대답했습니다. 그러면서 려관의 행색을 살피더니 물었습니다.

"신발이 다 떨어지도록 어딜 그렇게 다녀오우?"

려관은 자신은 산천단에서 관세음보살님께 기도하는 사람인데, 불상을 모시기 위해 다니는 중이라고 대답했습니다.

그러자 할머니가 이렇게 말했습니다.

"나도 누구에겐가 들은 말인데…, 비양도에 가면 좋은 부처님이 계시다고 하더이다."

"비양도요? 거기는 배를 타고 들어가야 하는 곳 아닌가요?"

"제주 안에서 모실 부처님을 못 만나면 배를 타고서라도 가야지."

배를 타고서라도 비양도에 가면 관세음보살상을 만날 수 있다는 말에 려관은 귀가 번쩍 뜨이는 것 같았습니다. 바로 간단한 행장을 꾸려 비양도로 떠날 채비를 했습니다. 한라산 자락의 산천단을 내려가 하염없이 걸어갔습니다. 비양도로 가려면 한림 포구에서 배를 타야 했습니다.

포구까지 걸어가는 동안 려관은 어린 시절 눈만 뜨면 달려나갔던 화북리 포구가 떠올랐습니다. 어린 눈에 비친 사람들의 모습, 가난과 배고픔, 병과 죽음의 두려움에 떨던 그들의 얼굴이 생각났습니다.

한참을 걸어 마침내 한림 포구에 도착한 려관은 새삼스레 포구 주위 풍경과 사람들의 모습을 둘러보았습니다. 대부분 여전히 가난에 찌든 얼굴들이었고, 고통의 무게에 짓눌려 거의 무표정한 모습이었습니다.

비양도에서 무사히 부처님을 모시고 온다면 산천단에

서 깊이 정진하고 기도하리라, 흔들리는 뱃전에서 파도를 보며 려관은 생각했습니다.

한림 포구에서 비양도까지는 그리 먼 뱃길이 아니었습니다. 그런데 갑자기 먹구름이 몰려오더니 바람이 거세지면서 파도가 거칠어졌습니다.

"이게 무슨 일이야, 파도가 심상치 않네!"

사람들이 놀라 웅성거렸습니다.

곧 파도가 배 안으로 밀려들었습니다.

배가 기우뚱 기울었습니다. 금방이라도 뒤집혀 침몰할 것만 같았습니다. 사람들은 공포에 질린 얼굴로 소리를 지르고 울부짖었습니다.

려관은 그들을 진정시키며 말했습니다.

"우리 무서워하지 말고 관세음보살 부처님께 기도를 해봐요. 관세음보살은 거센 파도와 해일에서도 모든 사람들을 구해주신다고 하셨어요."

려관이 관세음보살을 외치자 사람들도 하나둘 따라서 하기 시작했습니다.

얼마나 관세음보살을 애타게 불렀을까, 배를 뒤집을 듯 키를 넘던 파도가 어느새 잠잠해졌습니다. 려관은 물론, 함께 배를 탔던 사람들이 모두 무사히 비양도에 내렸습니다.

그들을 보며 가장 놀란 것은 비양도에 사는 사람들이었습니다.

"아니, 이 파도를 뚫고 여기까지 무사히 오다니! 게다가 저 보살님은 옷이며 버선이며 어쩜 머리카락 한 올도 안 젖었네!"

그러고 보니 정말로 려관은 너무도 말짱했습니다. 정말 놀랍고 신기한 일이었습니다. 함께 배를 타고 온 사람들도 놀라 웅성거렸습니다.

"보통 사람이 아닌가 봐."

정작 려관은 오히려 침착했습니다.

'사람들을 지키고 보호해주시는 관세음보살님의 자비가 이처럼 대단하구나. 내가 이렇게 기적적으로 살 수 있었던 것은 부처님의 가르침에 따라 더 열심히 기도하고 살라는

뜻이 분명해!'

이런 생각을 하며 제주 서쪽의 작은 섬 비양도 땅을 밟았습니다.

그러나 여기서도 려관이 그토록 애타게 모시고자 하는 관세음보살 불상은 찾을 수 없었습니다. 비양도를 몇 바퀴나 돌면서 만나는 사람마다 붙잡고 물어보고 발품을 팔며 찾아 헤맸지만 허사였습니다. 부처님상을 모시고 산천단으로 돌아갈 거라고 부풀었던 마음이 실망으로 가라앉았습니다.

비양도로 들어갈 때와 달리 제주로 다시 나오는 뱃길은 파도가 잔잔하고 햇살도 화창했습니다.

배 위에서 려관은 생각했습니다.

'아직은 관세음보살님을 모셔올 때가 아닌가 보다. 그렇다면 그때가 될 때까지 더 기도하고 공부해야지. 나의 바람이 이루어질 때까지 맹세코 머리를 빗지 않겠다.'

아프고 지친 사람들의 어머니

　다시 산천단으로 돌아온 려관은 허름한 초막생활을 하며 정성을 다해 기도를 하고 시간이 나면 산으로 올라가 약초를 캤습니다.
　부모님 아래서 지내던 기억이 새록새록 떠올랐습니다. 아버지 안 처사와 함께 약초를 찾아 산을 오르던 일, 아버지가 약재를 꺼내 약을 달이고 아픈 사람들을 낫게 하던 일….
　'그래, 기도를 하면서 나도 한라산에서 나는 좋은 약초를 캐서 아픈 사람들에게 도움이 되도록 해야겠어.'
　려관이 약초를 캐고 약재를 만들어 아픈 사람을 돌보기 시작하자 그 소문은 어느새 넓은 제주, 많은 사람들에게 알려졌습니다.

"산천단에 관세음보살 기도를 하시는 분이 있는데, 아픈 사람들을 낫게 하신다네."

"심하게 아파서 움직이기 힘든 환자는 직접 마을로 내려와서 치료해주시기도 한다는데?"

그렇게 려관은 산천단에서 제주 시내로 오가며 환자를 돌보았습니다. 그런데 급한 환자는 제대로 손도 써보지 못하는 안타까운 경우가 종종 생겼습니다.

려관은 새로운 방법을 찾았습니다.

"저 보살님 좀 봐! 말을 타고 다니시네."

려관은 말을 한 마리 구해서 타고 다니기 시작했습니다. 산천단에 모실 부처님상을 만날 때까지 머리를 빗지도 않고 자르지도 않겠다고 다짐한 터라 머리를 묶었는데, 긴 머리를 묶고 말을 타고 달리는 모습이 당당했습니다.

아픈 사람들은 려관의 그 모습이 멀리서 나타나면 앞다투어 합장하고 반겼습니다. 려관의 처방으로 병이 낫고 아픔에서 벗어난 사람들은 기뻐하며 칭송했습니다.

하지만 여전히 많은 사람들은 여자가 이상한 모습을 하고 말 타고 다닌다며 수군거리고 욕했습니다.

려관이 마을로 내려가지 못할 때는 사람들이 아픈 몸을 이끌고 산천단 초막으로 찾아오기도 했습니다. 려관은 그 사람들의 고통을 덜어줄 수 있는 약초와 적합한 처방으로 도움을 주었습니다. 그들은 려관에게 깊이 감사했습니다.

"려관 보살님, 이 은혜를 어떻게 갚아야 할지 모르겠습니다."

사람들의 말에 려관은 자신은 부처님의 뜻과 가르침을 행할 뿐이라며 겸손하게 대답했습니다. 사람들은 고개를 숙여 합장하고 시주를 했습니다.

'이 돈과 모든 물품은 사람들이 부처님께 올린 것이다. 헛되게 쓰지 말아야지.'

이런 정성으로 산천단의 초막은 점점 규모를 갖추어 갔습니다. 집을 떠나 산천단으로 와서 기도하고 수행하면서 아픈 사람들을 돌본 지 6년이 그렇게 지나갔습니다.

'관세음보살상을 구하기 위해 그렇게 애를 써도 아직 모

시지 못한 건 다른 뜻이 있기 때문이 아닐까? 보살로 살면서 기도를 하고 아픈 사람들을 위해 약초를 캐고 돌보는 것도 좋지만, 이제는 출가를 해야겠다. 출가를 해서 참다운 부처님 제자가 되자, 수행자가 되자!'

3장

비구니 봉려관이 되다

려관은 생애 처음으로 제주를 떠나 뭍으로 향합니다.
해남 대흥사에서 정식으로 구도의 서원을 세우리라.
하지만 간절한 꿈은 쉽게 이루어지지 않는다고 했던가?
출가 의지와 수계 의식은
온 우주가 축복을 내리는 한 찰나에 일어나는 기적입니다.
려관은 미지의 그 찰나를 기다리기로 마음을 다잡고
사찰을 둘러보던 중 대흥사에서
눈썹이 빠지고 코뼈가 녹아내리고 손마디가 썩어 문드러지는,
극심한 고통에 시달리는 환자 스님을 돌보게 됩니다.
절망의 늪에 빠진 그에게
누구도 용기있게 구원의 손을 내밀지 않았으나
려관은 조금의 주저함도, 두려움도 없이 나섰습니다.
간절한 기도와 온몸을 사르는 정성으로 치료했습니다.
그리하여 마침내 모두가 '기적'이라 일컫는 일이 일어나고
비구니 봉려관이 탄생했습니다.

출가

1907년 9월이었습니다.

추석 명절도 지나서 이미 날은 가을로 접어들었습니다.

산천단에서 6년 동안 기도하고 홀로 정진하느라 빗지도 자르지도 않은 머리는 길게 자라 묶어 올린 채로 있었습니다.

제주도는 2백년 가량 불교의 맥이 끊어진 섬이었습니다. 삼국시대 이후 세워졌던 절들은 폐사가 되었고, 모셔진 불상마저 부서져서 빈터에 굴러다니는 데가 많았습니다. 아주 드물게 남몰래 부처님을 믿는 수행자가 숨어 있기도 했지만 계율이며 경전이며, 스님이 되기 위한 수계식 같은 것은 제주도에서는 불가능한 일이었습니다.

제대로 부처님의 법제자가 되기 위해서는 어떻게 해야 할까? 출가를 해서 수행자가 되는 길이라고 결심한 려관은 곰곰이 생각했습니다.

'육지 큰 절로 가야겠다. 거기에 가면 정식으로 머리를 깎고 계를 받을 수 있겠지. 그러면 불교의 맥이 끊어져 절도 없고 스님도 만나기 힘든 이곳, 내 고향 제주에도 다시

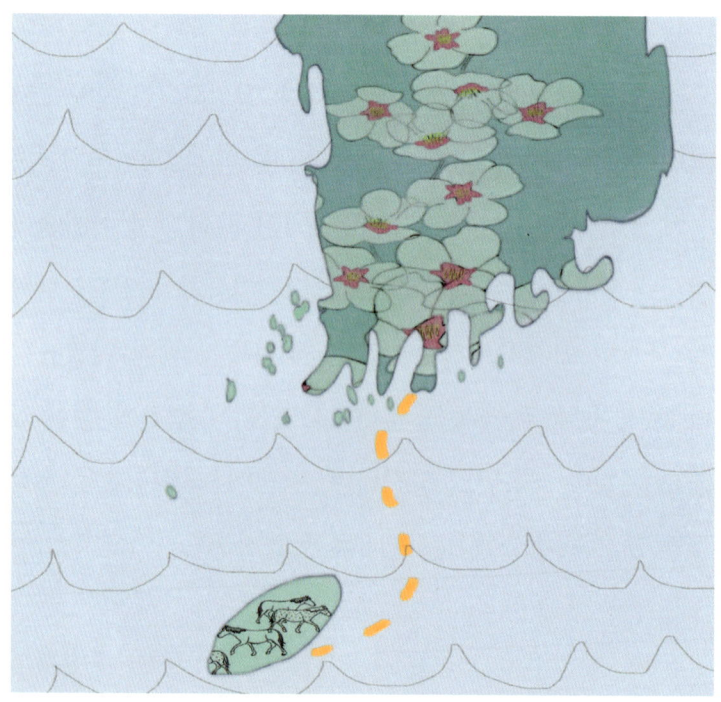

부처님의 도량을 일굴 수 있을 거야.'

려관은 산천단을 내려와 목포로 가는 배에 올랐습니다.

뱃전에서 망망한 바다를 바라보던 려관은 6년 전 관세음보살상을 구하기 위해 비양도로 가는 배를 탔던 일이 떠올랐습니다. 목포로 가는 뱃길은 비양도로 가는 길보다 훨씬 멀었습니다. 목포 포구에 내린 려관은 모든 것이 새로웠습니다. 태어나서 처음 제주 밖 육지에 발을 딛었으니 그럴 수밖에 없었습니다.

그런데 1905년 을사보호조약이 체결된 지 2년, 1907년의 가을, 목포 포구는 예전과 달랐습니다. 일본인들의 모습도 심심치 않게 보였습니다. 려관은 주변 사람들에게 물었습니다.

"왜 여기에 왜인들이 많이 보이지요?"

"나라가 어지러우니 뭐 저희 나라로 실어갈 게 있나 싶어 모여드는 거 아니오. 삼남지역 기름진 논에서 나는 쌀이며 포목이며 다 실어간다 안 하요. 그러면서 저희 나라처럼 큰소리치고 위세를 부리고."

시름 가득한 목포 사람들이 이구동성으로 하는 말이었

습니다.

요기를 하려고 포구 앞 떡집에 들렀습니다. 낯선 모습에 떡집 아주머니가 물었습니다.

"어디서 오셨습니까?"

"저는 제주도에서 왔습니다. 큰스님이 계시는 큰 절이 어디 있습니까?"

그 말을 들은 떡집 아주머니는 려관의 행색을 살피며 의심스러운 표정으로 또 물었습니다.

"큰 절은 왜 찾으시우?"

"머리를 깎고 출가를 하고 싶어서요."

"어디서 출가할 건지 정해둔 데는 있으시오?"

"제주도에서 태어나 처음 육지에 나왔습니다. 사람 사는 모습도 보고, 육지의 절과 스님들도 보고… 어디서 출가를 하면 좋을지 정하려 합니다."

려관의 말에 아주머니는 한참 생각하더니 대답했습니다.

"어이구, 한참을 다니셔야겠네요. 출가를 하려면 공부

도 하고 계도 받아야 한다고 들었는데…."

"가다 보면 출가를 허락할 절을 만날 수 있겠지요."

려관은 떡집 아주머니에게 인사를 하고 다시 길을 나섰습니다.

추수를 앞둔 논은 황금빛으로 일렁거렸습니다. 그러나 가는 길에 만난 조선 백성들 얼굴은 불안과 근심 걱정으로 찌들어 있었습니다. 그 얼굴 위로 부처님을 모시고 기도를 하는 려관을 향해 몽둥이를 휘두르고 위협하며 자신을 마을에서 내쫓던 사람들의 얼굴이 겹쳐졌습니다.

조금 더 걸어가니 또 그들의 얼굴 위로 비양도로 가는 배에서 풍랑을 만나 배가 기울어가는 절체절명의 위기에 처했을 때, 려관을 따라 간절하게 관세음보살을 외치며 기적처럼 목숨을 건진 사람들, 비양도에 내렸을 때 눈물을 흘리며 다시 관세음보살을 부르며 합장하던 사람들의 얼굴도 떠올랐습니다.

출가를 하기 위해 절을 찾아간다는 려관의 사연을 들은 사람들은 자신들이 아는 절을 추천하기도 했습니다. 하지만 정식으로 수계를 받기 위해서는 선원과 강원, 율원이 갖추어진 큰 절이어야 했습니다. 그래도 려관은 마음이 급하지 않았습니다. 자신에게 수계식을 허락하고 출가수행자로 받아줄 절을 분명히 찾을 수 있을 것이란 믿음이 있었기 때문입니다.

9월에 제주도를 떠나 목포에 도착했는데, 남도 곳곳을 돌아보고 여러 사찰을 둘러보다 보니 벌써 10월도 지나고 11월에 접어들어 날이 제법 쌀쌀했습니다.

출가를 하고 싶다는 려관에게 한 절에서 만난 스님 한 분이 말했습니다.

"대흥사로 가면 아마 가능할 거요."

해남에 있는 대흥사가 큰 절이라는 말은 려관도 들어 알고 있었습니다.

"해남 대흥사가 예서 얼마나 먼가요?"

"멀지요. 목포에서 이백 리 가까이 되려나? 그래도 대흥사에서 12월 8일 성도재일에 수계식이 열린다고 들었소."

'지금부터 부지런히 가면 11월 중순에는 도착할 수 있

겠다.'

려관은 해남 대흥사로 목적지를 정했습니다. 갈 곳이 정해지니 힘들고 피곤하다는 생각이 싹 사라졌습니다.

목포에서 해남으로 가려면 동쪽, 한반도의 남단이었습니다. 그렇게 며칠을 걸었을까, 드디어 려관은 해남 대흥사에 도착했습니다. 서산에 지는 해가 붉게 대흥사의 일주문에 걸려 있었습니다. 11월 중순이었습니다.

제주에서 배를 타고 바다를 건너서, 목포에서 해남 대흥사까지 걸어온 려관의 행색은 꾀죄죄하고 남루했습니다. 산천단에서 기도를 하면서부터 자르지도 빗지도 않은 머리는 올려 묶었지만 까치집 같았고, 제대로 씻지도 못하고 먼 길을 걸어와서 얼굴도 검게 탄 데다 땟국이 흘렀습니다.

대흥사 일주문을 들어선 려관은 일주문 앞에서 서성이고 있던 한 스님에게 합장을 하며 말했습니다.

"큰스님을 뵙고 싶습니다. 저는 제주도에서 온 려관이

라고 합니다. 출가를 허락받고 수행자가 되고 싶습니다."

초라한 몰골의 려관을 본 스님은 왠지 몹시 놀라고도 실망한 기색이었습니다.

"제가 출가할 수 있도록 큰스님을 뵙게 해주십시오!"

려관이 합장하며 말해도 아예 들은 척도 하지 않았습니다.

"큰스님을 아무나 만날 수 있는 줄 아오? 객쩍은 소리 하지 말고 어서 나가시오."

려관을 몰아내며 상대도 하지 않으려고 했습니다. 하지만 려관은 자신을 몰아내려는 스님에게 매달리며 사정했습니다.

"저는 꼭 계를 받고 참다운 수행자가 되고 싶습니다. 그래서 2백 년 동안이나 부처님의 맥이 끊기고 절이 다 허물어진 제주도에 부처님의 가르침을 펼치고 싶습니다. 부디 제 뜻을 살펴주십시오."

이렇게 매달리며 사정하자 그 소리에 안에 있던 스님들이 하나둘씩 려관이 있는 쪽으로 나왔습니다.

"무슨 일이냐?"

언제 나왔는지 주지 스님이 려관을 몰아내려던 스님에게 물었습니다.

"제주도에서 온 보살이라며, 계를 받고 출가하고 싶다고 큰스님을 뵙게 해달라 떼를 쓰지 뭡니까?"

려관은 간절하게 그 스님에게 다시 자신의 사연을 말하고 출가하게 해달라고 간청했습니다. 그 말을 들은 소임 스님은 딱하다는 듯 려관에게 말했습니다.

"보살님, 멀고 험한 길을 온 것은 장하오만, 수련기간인 행자교육을 받지 않고는 계를 받을 수 없소."

"그럼 어떻게 해야 합니까?"

"절에서 계율을 지키고 살면서 공부도 하고, 2년 동안 교육을 받아야만 하지요. 다음 달 8일 부처님께서 깨달음을 얻은 성도재일에 수계식이 열리지만, 행자수련기간을 거치지 않은 사람에게는 허락할 수 없답니다."

스님의 해명은 합당했습니다. 려관은 당장 출가를 할 수 없다는 사실에 몹시 낙담했습니다.

그러나 잠시 생각한 다음 다시 말했습니다.

"스님, 그렇다면 일단 제가 여기에 머물게만 해주십시오. 경내 암자도 구경하고 도움이 되게 허드렛일이라도 하며 일손을 거들겠습니다."

대흥사 스님들은 무릎까지 꿇고 애원하는 려관의 청을 더 이상 거절할 수 없었습니다.

"좋소, 그렇다면 머무르는 동안 계율도 철저하게 지키고 절대로 스님들이나 다른 신도들에게 누가 되는 일이 없도록 하시오."

려관은 이렇게 해서 대흥사 외진 곳에 머물게 되었습니다. 그러면서 공양간 일이건 청소건 어떤 허드렛일도 마다 않고 누가 시키지 않아도 스스로 할 일을 찾아 열심히 했습니다.

그렇게 달포가 지났습니다.

스님들이 머무는 요사채, 법당, 공양간 할 것 없이 여러 스님들이 당황한 표정으로 황급하게 오가는 모습이 보였습니다. 어떤 스님은 아예 행장을 꾸려 절을 떠나는 모습도 보였습니다.

려관이 가까이 있는 스님에게 물었습니다.

"스님, 무슨 일이 생겼습니까?"

그러자 스님이 머뭇거리다가 한숨을 쉬며 말했습니다.

"사실은 스님 한 분이 험한 병을 앓고 있다오. 살이 썩고 문드러지는 걸 꽁꽁 싸매고 감추고 있어 밖으로 드러나지 않았는데, 이제 병세가 심해져 피고름이 배어나오고 악취가 심해져서 다른 스님들이 알게 된 거지. 사람들은 이 병이 혹시 마을에서 꺼리는 문둥병(한센병)이 아닌가, 의심도 하고 옮을까 무서워서 저렇게 떠나는 스님들도 있구려."

그 말을 들은 려관은 크게 놀랐습니다. 여러 스님들이 함께 사는 절에 문둥병 환자가 있다는 것은 큰일임에 틀림없었습니다.

스님은 이어서 말했습니다.

"다른 사람에게 옮으면 안 되니 떨어진 곳에 있으면서 나으려고 약도 먹고, 기도도 하며 애를 썼는데…. 병자 스님의 증세가 점점 더 심해지고 이젠 열까지 올라 온몸이 펄펄 끓는 것처럼 뜨겁소. 게다가 정신마저 잃고 있으니 아무래도 곧 세상을 떠날 것 같소이다."

그러고는 덧붙였습니다.

"그 스님이 돌아가실까 봐 걱정도 되지만, 문둥병이라면 이 대흥사에 퍼질까 그게 더 큰 걱정이라오."

려관은 그 사연을 듣고 말했습니다.

"앓고 있는 그 스님을 한번 보게 해주시겠습니까?"

"아니, 보살이 왜 그 스님을 보겠다는 거요?"

"어쩌면 나을 방도를 찾을 수 있을지 모르겠습니다."

려관의 말에 스님은 미심쩍은 눈길을 거두지 않았습니다.

"나을 수 있는 방도라니, 주지 스님께서 용한 의원을 수소문하고, 온갖 약과 처방으로도 고칠 수 없었는데…."

려관은 한 번만이라도 환자를 직접 보게 해달라고 거듭 청했습니다.

"보살님, 그건 내 맘대로 결정할 수 있는 일이 아니오. 하도 부탁하니 내 일단 주지 스님께 말씀은 드려보리다."

이야기를 전해 들은 주지 스님은 고민했습니다. 이름난 의원들도 고치지 못한 병을, 어찌 허드렛일이나 하는 여인이 보려고 하나…. 허락을 해야 하나 말아야 하나 결정을 하기 어려웠습니다. 이때 옆에 있던 다른 스님 한 분이 나섰습니다. 병을 앓는 스님의 사형 스님이었습니다.

"주지 스님, 그 보살을 한번 불러보시지요. 사실은 제가 드리지 않은 말씀이 있습니다."

무슨 말인가 싶어 주지 스님이 쳐다보았습니다.

"저… 사실은 지난 11월, 려관 보살님이 오던 전날 새벽에 기이한 꿈을 꾸었습니다."

"꿈이라니?"

"꿈에서 관세음보살님을 뵈었습니다. 여기 대흥사 법당 안에 관세음보살님께서 나타나셔서 말씀하셨습니다."

주지 스님을 비롯한 대흥사 스님들은 대체 무슨 말인가 하고, 사형 스님의 꿈 이야기를 들었습니다.

"내일 환자를 고칠 사람이 도착할 것이니 그리 알라. 그 보살이 병을 낫게 할 것이다, 이렇게 말씀하셨지요. 저는 얼마나 기뻤는지 모릅니다. 기뻐하다 깨어나 보니 꿈이었는데, 너무나 생생했습니다. 그래서 혹시나 하고 그 다음날 새벽부터 일주문을 떠나지 못하고 꿈에서 관세음보살님께서 말씀하신 보살이 오기만을 종일토록 기다렸습니다. 그런데 해질녘에 정말로 누군가가 나타나기에 저 사람인가? 하고 살폈지요. 하지만 행색도 그렇고 더구나 여자라서 아니라고 생각했습니다. 그 뒤로 려관 보살님을 보니 진실하고 정성이 깊어 혹시 제가 잘못 보았나 하는 생각도 들었는데… 이렇게 남들이 다 피하고 도망가는 병자를 직접 보겠다고 나서니, 새삼 관세음보살께서 꿈에서 말씀하신 사람이 아닌가 싶습니다."

그 말을 들은 스님들은 기이한 일이라고 생각했습니다. 주지 스님은 려관에게 환자를 보는 것을 허락했습니다.

당시 문둥병은 전염병이라고 여겼기에 환자가 있는 방에는 아무도 들어가려 하지 않았습니다. 심지어는 방이 있는 근처에 가는 것도 두려워하며 피했습니다.

주지 스님의 허락이 떨어지자마자 려관은 환자가 격리

되어 있는 방문을 열고 성큼 들어갔습니다. 환자는 온몸이 헐고 피고름이 짓무른 채 고열에 시달리며 정신을 놓은 채 앓고 있었습니다. 멀찌감치 떨어져서 려관이 들어가는 모습을 본 스님들은 웅성거리며 걱정했습니다.

"아니 겁 없이 저렇게 들어가도 되나?"

"저 보살도 병이 옮으면 절 안에 병이 퍼지는 거 아니야?"

지켜보던 스님들은 그렇게 되면 아예 절 문을 닫아걸어야 한다고 말하기도 했고, 멀리 떠나게 쫓아버려야 한다고 강경하게 나서기도 했습니다.

밖에서 이런 말들이 오가고 있는 사이 환자를 보러 방 안에 들어간 려관은 나오지 않았습니다. 얼마나 시간이 지났을까, 환자의 방문이 열렸습니다. 방 안에서 밖을 내다보며 려관이 소리쳤습니다.

"제가 가져온 짐보따리를 가져다 주세요. 그 안에 따로 싸놓은 약초들이 있습니다."

스님들이 얼른 려관의 보따리를 가져왔습니다. 려관은 방 안에서 나오지 않고 밖을 내다보며 말했습니다.

"그 보따리를 풀어 제게 보여주십시오."

려관의 지시대로 스님들이 려관의 보따리를 풀고 그 안에 있는 약초들을 하나씩 들어보였습니다. 려관은 그중에서 환자에게 쓸 약초를 골라 따로 빼놓게 하고는 말했습니다.

"제가 말한 그 약초들과 따로 종이에 싸놓은 약재를 함께 끓여 주십시오. 그리고 오래된 된장이 있으면 함께 가져다 주십시오."

그러고는 환자의 온몸을 쌀 수 있도록 깨끗한 광목천도 준비해달라고 했습니다.

그때부터 스님들은 분주하게 약초와 약재를 려관의 지시대로 끓이고, 오래된 약된장과 깨끗한 광목천을 외딴 요사채 마당에 가져다 놓았습니다. 혹시나 직접 건네면 병이 옮을까 싶어 멀찍이 가져다 놓은 것입니다.

려관은 스님들을 물러나게 한 다음 내려와 그것들을 방 안으로 옮겼습니다. 환자의 몸을 깨끗하게 닦아내 소독을 하고, 약초와 약재를 달인 물로 다시 닦아낸 뒤 된장을 발랐습니다. 그러고는 광목천으로 온몸을 단단히 싸매었습니다. 환자가 불에 데인 듯 아프다고 비명을 질렀습니다.

환자를 달래며 려관이 말했습니다.

"이제부터 관세음보살만 한마음으로 부르십시오. 그러면 어떤 아픔도 견딜 수 있을 겁니다."

아프다고 외마디 비명처럼 소리를 질렀다가 열이 올라 정신을 잃었다가, 깨어나서 다시 통증을 호소하기를 반복하던 환자의 입에서 서서히 관세음보살, 관세음보살… 염불 소리가 이어졌습니다.

그렇게 며칠이 흐르고 또 며칠이 지났습니다. 그동안 이 방에는 려관만 혼자 드나들며 상태를 살폈습니다.

또 며칠이 지났습니다.

주지 스님이 려관에게 물었습니다.

"좀 나아졌소?"

"스님, 조금만 기다려 주십시오. 병세가 좋아지는 듯한데, 좀 더 확실히 지켜본 후에 말씀드리겠습니다."

환자는 이제 아프다는 말 대신 관세음보살 염불만 외었습니다.

드디어 려관이 말했습니다.

"이제 광목천을 풀겠습니다."

보고 싶은 사람들은 방 밖에서 조금 떨어져서 보아도 좋다고 덧붙였습니다.

과연 환자의 병세가 나았을까, 려관의 말이 사실일까 궁금했던 스님들은 방문 앞 마당으로 하나둘씩 모여들었습니다. 려관은 방문을 활짝 열고 광목천을 풀기 시작했습니다. 상처에 발랐던 묵은 된장을 쓸어냈습니다. 그리고는 밖을 향해 소리쳤습니다.

"마당에 멍석을 펼쳐주세요. 그리고 멍석 위에 아궁이 재를 가져다 깔아주십시오."

사람들이 시키는 대로 하자 려관은 환자를 부축해 나왔습니다. 그런 다음 환자를 펼쳐진 멍석 위에 눕히고 궁글렸습니다.

놀라운 광경이 펼쳐졌습니다. 피고름이 흐르고 짓물러 썩어갔던 몸의 상처가 아물었고 새 살이 돋아나오고 있었습니다. 환자 몸에서 풀어놓은 광목천에서 후두둑, 살을 파먹던 벌레들이 쏟아졌습니다. 멀찌감치 떨어져서 서 있던 사람들이 어느새 한 발자국씩 가까이 다가와서 보고 있었습니다. 그들은 탄성을 질렀습니다.

"아이고, 이제 저 스님 살았네!"

주지 스님도 기뻐했고 관세음보살의 꿈을 꾸었다던 사형 스님도 몹시 기뻐했습니다.

"그럼 그렇지, 관세음보살께서 꿈에 나타나신 건 다 뜻이 있었던 거야!"

기뻐하고 환호하는 사람들을 보면서 려관은 담담하게 병자를 씻길 수 있는 곳으로 옮겨달라고 부탁했습니다. 그러고는 곪고 헌 상처 부위를 깨끗하게 씻어 주었습니다.

"이 스님을 모시고 가서 상처에 딱지가 앉고 다 아물 때까지 제가 했던 것처럼 그렇게 치료해 주십시오. 이제 회복될 것입니다."

이 일을 목격한 해남 대흥사 스님들과 다른 사람들은 모두 부처님의 뜻이라고, 입을 모아 찬탄했습니다.

려관이 제주도를 떠나 목포에서 해남까지 걸어서 걸어서 대흥사에 도착한 지 두 달여, 1907년 12월로 접어들 때의 일이었습니다.

대흥사 스님들이 려관을 대하는 태도도 달라졌습니다. 병이 나은 스님과 그 사형 스님이 주지 스님에게 간청했습니다.

"스님, 려관 보살이 아니었다면 저는 낫지도 못했을 거고 대흥사는 지금처럼 안정을 찾지 못했을 것입니다."

"그렇지."

"남들이 다 문둥병이라고 피하고 꺼리는데 손수 상처를 닦아내고 치료를 해주는 것 이상의 수행과 자비행이 또 어디 있겠습니까?"

다른 스님들도 나섰습니다.

"2년의 행자수련기간이 없었다 하지만 이미 제주도에서 그동안 기도를 하고 포교를 한 노고도 인정해야 하지 않겠습니까? 무엇보다 제주에 불맥을 다시 잇고 부처님의 말씀을 전하겠다는 건 가장 큰 수행인데, 이번 성도재일 수계식에 다른 수계자들과 함께 려관 보살이 수계를 받을 수 있도록 하는 건 어떨지요?"

"나도 그렇게 생각하지만, 이 문제는 한두 사람의 생각만으로 결정할 수는 없네. 절에 계신 모든 스님들의 뜻을 물어야지. 중요한 결정이니 말일세."

대흥사 산 위의 암자와 큰 절에 계시는 모든 스님들이 한자리에 모여 대중공사를 열었습니다.

"제주에서 온 려관 보살에게 이번 성도재일에 출가를 허락하는 것에 대해 자신들의 생각을 말해 보시오."

스님들은 한마음으로 찬성했습니다.

죽음을 두려워하지 않는 구도정신, 중생을 사랑하여 나눔과 베품을 실천하는 자비행, 부처님의 뜻과 말씀을 불맥이 2백여 년이나 끊어진 제주에 다시 세우겠다는 려관에게 출가수행자가 되게 하는 수계를 받도록 하는 게 부처님의 뜻에 합당하다고 말입니다. 자신의 모든 것을 내어놓고 출가수행자가 되겠다는 려관의 믿음이 대흥사의 모든 스님들에게 인정을 받는 자리이기도 했습니다.

머리카락이 후둑, 땅에 떨어지기 시작했습니다. 산천단에 부처님을 모셔올 수 있을 때까지는 빗지도 않겠다던 긴 머리카락이었습니다. 어렸을 때 어머니가 곱게 빗어주던 머리였습니다. 예쁘게 단장하고 시집가던 날, 아들과 딸을 낳아 기르며 기뻐하고, 아무 탈 없이 잘 자라기를 맘 졸이며 기도하던 일, 관세음보살 기도를 하라고 권하던 시주스님을 만나던 순간, 부처님을 모신다는 이유로 들이닥쳐 부수고 내쫓던 사나운 사람들, 비양도로 가던 뱃길에서 만난 거센 비바람… 지난날의 모든 일들이 순간 마음속에 불길처럼 떠올랐다 가라앉았습니다. 그 불길 안에서 두고 온 아들과 딸의 얼굴이 보이는 듯했습니다.

'오늘 이 순간도 이렇게 지난날이 되겠지….'

려관은 자신이 머리를 자르고 출가수행자가 되지 못한다면 영영 그 불길 속에 갇혀 빠져나오지 못하리라는 것을 알고 있었습니다.

'내가 올바른 출가수행자가 되어 이웃을 이롭게 하고 부처님 뜻을 펴는 것, 그래서 이 세상이 바로 서 어지럽지 않으면 우리 아이들도 행복을 얻겠지.'

머리카락이 잘려 나갈수록 려관의 마음은 강물처럼 고요해졌습니다.

1907년 12월 8일 부처님이 깨달음을 얻었다는 성도재일, 드디어 려관은 머리를 깎고 어엿한 스님이 되었습니다. 대흥사 청신암에 있던 비구니 유장스님을 은사로, 비구 청봉스님이 계사로 려관에게 수계를 해주었습니다.

유장스님이 려관의 머리를 삭발했습니다. 그 자리에 참석한 대흥사 조실 스님이 려관에게 말했습니다.

"이제 네 법명은 봉려관(蓬廬觀)이다. 봉(蓬)은 흐트러지고 떠다니는 쑥을 뜻하는 글자이니라. 원래 네 이름 려

관에 더하면, 봉려관이 되니, 이는 이 세상이 원래 어지럽고 흐트러져 있는 고통의 바다인 바, 그 모습을 환하게 밝혀 보라는 뜻이다."

그 이름을 받은 려관은 자리에서 일어나 부처님과 스승, 모든 대중 스님들에게 합장하고 삼배를 올렸습니다.

근대제주불교 최초의 비구니, 봉려관이 탄생하는 순간이었습니다.

관음사를 세우다

1908년 1월 5일, 봉려관은 대흥사 스님들에게 작별 인사를 했습니다.

"해가 바뀌었습니다. 저는 이제 원래 결심한 대로 제주도로 돌아가겠습니다."

대흥사 스님들은 봉려관이 제주도에서 불법을 펼칠 수 있도록 부처님상과 목탁, 염주 등을 갖추어 싸주었습니다.

'이 모두가 부처님 뜻이었어! 내가 올바른 출가수행자가 되어 법답게 부처님을 제주에 모시게 하려는 거였어!'

대흥사를 떠나 제주로 향한 봉려관은 저 멀리 한라산의 모습이 가까워지자 마음이 뜨거워졌습니다. 봉려관은 제주도로 다시 돌아왔습니다.

부처가 사라진 제주도에 다시 부처님의 가르침이 펼쳐지는 순간이었습니다.

한겨울의 산천단 초막은 사람의 기척이 없어 썰렁했습니다.

'이제 내가 정법을 따르는 스님이 되었으니 초막이라고 하지 말자. 이곳은 이제부터 부처님을 모신 어엿한 법당이다!'

그리고 그날부터 새벽마다 대흥사에서 익혔던 대로 새벽 도량석을 하고, 예불을 드리고, 관세음보살 기도를 다시 시작했습니다.

"려관 보살님이 스님이 되셔서 돌아오셨대!"

발 없는 말이 천리 간다고 제주 사람들은 봉려관이 산천단으로 돌아왔다는 소식에 기뻐하며 찾아왔습니다.

"스님, 스님이 육지로 떠나신 동안 우리들은 의지가지 없어 아파도 어디 갈 데도 없고, 약도 못 먹고 그저 한탄만 하면서 지냈습니다."

그들은 힘들여 키운 좁쌀이며 겨우내 먹으려고 남겨둔

고구마 등을 손에 들고 산천단으로 올라왔습니다. 봉려관이 산천단에 포교원을 열고 모든 불사를 주관하게 되면서 사람들은 병도 고치고 마음이 든든해졌습니다.

시간은 쏜살같이 흘러 어느새 4월이 되었습니다.

봉려관은 4월을 맞으며 각오를 다졌습니다.

'이제 출가수행자가 되었으니 이번 초파일 행사는 제대로 해야겠다.'

봉려관은 신도들과 함께 등도 만들고 산천단 포교원 안팎을 초파일 법요식을 제대로 치를 수 있게 정돈했습니다.

그런데 이런 봉려관을 마뜩찮게 바라보는 시선들이 있었습니다. 척박한 땅, 험한 바다를 터전으로 살아가야 하는 제주 사람들은 그만큼 목숨이 위협받는 일도 많았습니다. 불교가 억압받는 동안 사람들은 무속이나 민속신앙에 더 많이 의지했습니다. 그들은 봉려관이 산천당에 포교당을 열고 부처님 말씀을 전하는 것이 싫었습니다.

'우리 섬을 지키는 산신, 할머니신을 노엽게 하려고 저러나?'

이렇게 생각하는 이들은 산천단에 부처님을 모신 것도 못마땅해했고, 사람들이 몰려들어 기도를 하고 예불을 드리는 것도 마뜩잖았습니다.

하지만 봉려관과 신도들은 개의치 않았습니다. 2백여 년 만에 예쁜 연등도 만들어 걸고 부처님오신날 법요식을 공식적으로 할 수 있다는 기대로 다들 한껏 들떴습니다.

드디어 초파일이 되었습니다. 아름드리 곰솔나무가 울창한 산천단 포교원 주변에도 꽃들이 활짝 피었습니다. 꽃과 함께 어우러진 연등이 숲속에서 더욱 아름다웠습니다.

봉려관은 법단 위로 올라 제주 최초의 부처님오신날 법요식을 공식적으로 시작했습니다. 목탁을 치며 식을 집전하는 봉려관도 뿌듯했지만, 마음놓고 부처님을 찾을 수 있게 된 제주 신도들의 기쁨도 이루 말할 수 없었습니다.

엄숙한 예불소리와 기도소리가 산천단에 낭랑하게 울렸습니다. 밤이 되자 연등은 산천단의 깊은 어둠을 더욱 환하게 밝혔습니다.

약을 지어 아픈 사람을 낫게 해주던 려관 보살이 스님

이 되었다더라, 산천단에 포교당을 세우고 신도들이 모여 초파일에 연등도 달고 부처님오신날 봉축행사도 크게 했다더라는 소문은 제주도 곳곳에 퍼졌습니다. 하지만 이런 소문을 달가워하지 않는 이들은 봉려관을 가만 둘 수 없다고 별렀습니다.

초파일도 지나고 사월 하순으로 접어들던 어느 날, 봉려관은 혼자 법당에서 예불을 드리고 기도를 하고 있었습니다. 법당 밖에서 웅성거리는 기척이 들려왔습니다.

봉려관은 조용히 일어나 법당의 문을 잠갔습니다. 갑자기 발자국 소리들이 문밖에서 거칠어졌습니다.

"제주 신령님들을 노엽게 하지 말고 빨리 사라져버려!"

이런 고함소리와 함께 누군가 문을 때려부수는 듯한 소리가 요란하게 들려왔습니다.

봉려관은 문을 더 단단히 잠근 채 어떻게 해야 하나 잠시 생각했습니다. 그때 법당 안으로 매캐한 연기와 함께 불길이 밀려 들어왔습니다.

"불이다! 어디 이런 불에도 안 나오고 버티나 보자!"

"나와서 제주도의 신령님을 노엽게 한 벌을 받든지, 아니면 그 안에서 타 죽든지 어디 맘대로 해봐!"

서슬 퍼런 그들의 고함에도 봉려관은 법당을 지키며 움직이지 않았습니다.

"안 되겠다, 불을 더 놓아!"

불길이 더 거세게 다가왔습니다.

숨이 막혀오고 정신마저 아득해져갔습니다.

더 이상 견딜 수 없게 된 봉려관은 법당 구석에 있는 쪽문을 열고 몸을 낮추어 포교당 뒤꼍으로 빠져나갔습니다.

"저기다! 저기 봉려관이 도망간다!"

몽둥이를 든 사람들이 소리를 지르며 쫓아왔습니다.

정신없이 쫓겨 달아나며 봉려관은 한라산 위로 방향을 틀어 올라가기 시작했습니다. 밤낮으로 쫓기며 낮에는 숨죽이며 몸을 숨겼다가 해가 지고 어두워지면 다시 올라갔습니다. 며칠이 지나자 더 이상 쫓는 이가 없었습니다.

봉려관은 한라산 꼭대기 백록담에 이르렀습니다.

봉려관은 백록담 물을 손으로 떠서 마셨습니다. 물에 자신의 모습이 비쳤습니다. 불길과 연기에 그을린 승복이며 산을 오르며 긁힌 상처들로 몰골이 엉망이었습니다. 하지만 마음은 백록담의 물처럼 고요했습니다.

봉려관은 한참을 그렇게 앉아 있었습니다.

'이제 어디로 가야하나…?'

어느새 달이 기울어가는 밤하늘에 별빛이 쏟아질 듯 밝게 반짝거렸습니다.

'그래, 가보자, 여기까지 온 것도 다 부처님의 뜻이었으니, 또 가다보면 일러주시겠지.'

봉려관은 조심조심 백록담 물을 떠서 목을 축이고는 손과 얼굴을 닦았습니다. 그러고는 일어나서 다시 발길을 옮겼습니다.

어둠이 완전히 걷히지 않은 새벽 산길은 춥고 험했습니다. 게다가 산천단 포교원에서 몽둥이와 불길에 쫓겨 도망쳐 오느라 제대로 먹지도 못해 저절로 몸이 후들후들 떨렸습니다. 눈앞에 우거진 가시덤불이 나타나자 정신없이 헤치고 발길을 내딛었습니다.

그런데 그 아래는 높은 낭떠러지였습니다. 이를 알아차리지 못한 봉려관은 발을 헛딛고 아래로 떨어지고 말았습니다. 끝이 모르게 계속 아래로 추락하는 중에도 봉려관은 관세음보살을 불렀습니다. 그러고는 정신을 잃었습니다.

얼마나 시간이 지났는지 봉려관이 눈을 떴을 때는 밝은 대낮이었습니다. 깨어나 정신을 차려보니 한 노인이 자신을 지켜보고 있었습니다.

"정신이 좀 드오?"

봉려관은 고개를 끄덕이며 일어났습니다. 그러면서 품에 지닌 염주와 경전이 제대로 있는지를 살폈습니다. 그런 봉려관을 지켜보던 노인이 말했습니다.

"내 그대에게 일러줄 말이 있어 깨어나기를 기다렸소."

"무슨 말씀입니까?"

노인이 봉려관을 보며 말했습니다.

"다시 산천단으로 가보시오. 그대를 기다리는 이가 있을 것이오."

"산천단으로 가라구요?"

노인의 말에 봉려관은 아득한 마음이 되었습니다. 다시 산천단으로 가라니, 부서진 연등과 포교원, 불에 탄 부처님…. 부처님의 가르침을 받들며 산다는 이유로 자신을 해치려던 사람들의 사나운 얼굴이 떠오르자 마음이 오그라들었습니다.

그 마음을 읽은 듯 노인이 단호하면서도 인자한 목소리로 말했습니다.

"두려워하지 말고 산천단으로 가시오. 그곳에 꼭 만나야 할 이가 찾아올 것이오."

그 말에 봉려관은 깊이 숨을 들이쉬고 일어섰습니다.

"말씀대로 하겠습니다. 산천단으로 가겠습니다."

봉려관이 합장을 하는 사이 그 노인은 어디론가 사라져 버렸습니다.

봉려관은 다시 산천단을 향해 걸었습니다. 어떤 일이 기다리고 있을까 하는 두렵고 막막한 생각은 더 이상 하지 않았습니다.

봉려관은 염주를 돌리면서 관세음보살을 불렀습니다.

'또 해치려는 사람이 있다면 맞서면 되지, 맞서다 안 되면 관세음보살님께서 구해주시겠지.'

찢기고 너덜거리는 옷과 만신창이가 된 몸을 이끌고 봉려관은 간신히 산천단에 도착했습니다. 그런데 예사롭지 않아 보이는 노스님 한 분이 기도를 하고 있었습니다.

봉려관이 다가가자 그 스님이 일어났습니다.

"그대가 봉려관이오?"

봉려관은 그렇다고 대답하면서 합장했습니다.

"나는 운대사라고 하오. 오래도록 그대를 찾아 기다리고 있었소. 드디어 오늘에야 만나 이를 전할 수 있어 다행이오."

그 말과 함께 운대사는 무엇인가를 싼 보자기를 건넸습니다. 받아들고 열어보니 그 안에는 가사와 장삼이 있었습니다.

"스님, 이 가사가 웬 것입니까?"

봉려관이 놀라서 물었습니다.

"이 가사를 그대에게 전하라는 건 부처님의 뜻이지. 이제 임자를 찾아 전했으니 나는 이만 가보리다."

운대사는 그렇게 말하고는 훌쩍 떠났습니다.

봉려관은 가사를 불타버린 산천단 빈터에 받들어 올리고 삼배를 하였습니다. 그러고는 가사를 입어보니 몸에 맞춘 듯 딱 맞았습니다. 이날은 1908년 오월 단옷날이었습니다.

'올바른 스님이 되라는 부처님의 뜻이구나!'

새 가사로 갈아입은 봉려관은 깊이 생각했습니다.

'이대로 무너질 수는 없다. 지난 2백년이 넘는 세월 동안 제주도는 절도 없고, 스님도 안 계시고, 사람들은 무속과 미신에 매달려 살아왔어. 부처님의 뜻과 가르침이 이 모든 사람들에게 비출 수 있도록 몸과 마음을 다해야겠다. 이제는 무지한 사람들이 함부로 부수고 무너뜨리고 불태울 수 없도록 온전한 부처님 도량을 세워야겠다. 이 가사가 내게 온 것은 그 일을 제대로 해내라는 부처님의 뜻이다!'

봉려관은 잿더미와 부서진 포교원의 잔재들을 치우며 앞으로 어떻게 해야 할까 생각했습니다. 그러다가 백록담에서 백일관음기도를 하겠다고 마음먹었습니다. 바로 한라산 백록담을 향해 오르기 시작했습니다.

백록담에는 허물어져 자취도 찾기 힘들었지만 옛날 절터의 흔적이 있었습니다. 봉려관은 그 절터를 찾아 자리를 잡고 앉았습니다.

하루 이틀 사흘… 기도를 하다 잠이 오면 잠시 앉은 채 눈을 붙이고, 배가 고프면 백록담 물을 떠서 곡식가루를 타서 허기만 면하는 날들이 이어졌습니다. 마침내 백일째 되는 날이었습니다. 그날도 기도를 하고 있는데, 갑자기 거센 불길이 활활 타며 다가왔습니다. 불길이 몸에 닿는 순간, 봉려관은 놀라서 눈을 떴습니다. 불길은 온데간데없고 백록담 주변은 고요하기만 했습니다. 백록담의 물 역시 잔잔했습니다.

'아, 이건 기도가 이루어질 거라는 부처님의 계시임에 틀림없어!'

봉려관의 마음속에 기쁨이 차올랐습니다.

'대흥사로 가서 도움을 청해야겠다.'

봉려관은 해남 대흥사를 향해 떠났습니다.

봉려관이 대흥사에 들어서자 스님들은 놀라 반기면서도 초췌해진 모습을 보고는 무슨 일이 있었냐고 걱정했습니다.

"지난 정월에 제주도로 떠날 때도 이렇지 않았는데, 왜 이리 상했소? 그동안 무슨 일이 있었소?"

봉려관은 그간의 사연을 털어놓았습니다.

"세상에! 그 몇 달 사이에 그런 큰일을 겪다니!"

대흥사 스님들은 크게 놀랐습니다. 그래도 봉려관이 다친 데 없이 목숨을 구한 게 천만다행이라며 이구동성으로 말했습니다. 특히 은사 스님과 사형 스님은 가슴을 쓸어내리며 봉려관을 위로해주었습니다.

"정말 무사한 게 다행이네. 부처님의 은덕이야. 그래, 이제 앞으로 어찌할 생각인가?"

봉려관은 사형 혜원스님에게 마음에 품은 뜻을 말했습

니다.

"사형님, 불교를 핍박하는 사람들에게 이대로 물러선다면 제주도는 영영 무속과 미신이 활개를 치게 될 것입니다. 또 사람들은 더욱 무지하게 기복에만 매달리게 되겠지요. 저는 한라산 백록담에서 기도를 하면서 확신을 가졌습니다. 열 번 쓰러뜨리면 열한 번 일어서지요. 그리고 저들이 함부로 부수고 무너뜨릴 수 없는 당당한 부처님 절을 세우겠습니다."

봉려관의 의지를 듣고 은사 스님과 사형 스님은 물론 대흥사 스님들은 깊은 감동을 받았습니다.

"그런 결심이라면 끝까지 해야지. 좋은 부처님 도량이 세워질 수 있도록 우리들도 힘을 합해서 돕도록 하겠네."

스님들의 격려에 봉려관은 마음이 든든해졌습니다.

"그래, 절은 어디에 세우고 싶은가?"

"제가 기도를 하면서 생각해둔 곳이 있습니다. 한라산 자락입니다. 스님들께서 도와주신다니 제주도로 돌아가서 좀 더 기도를 하고 시작하도록 하겠습니다."

제주도에 도착한 봉려관은 한라산 자락, 지금의 관음사 터로 발길을 옮겼습니다. 그곳에는 굴이 하나 있었습니다. 훗날 봉려관이 기도했던 인연으로 '해월굴'이라고 불리게 된 곳입니다.

그곳에 도착한 봉려관은 석양이 지는 굴 주변의 빈터를 한참 동안 바라보았습니다.

'이제 이 터에 다시금 당당한 부처님 도량이 세워지도록 기도하겠습니다.'

그렇게 결심하고 해월굴 안으로 들어가서 자리 잡고 기도하기 시작했습니다.

'부디 이 기도가 하늘에 닿아 우리 모든 중생들에게 부처님의 가르침을 전할 수 있도록 해주십시오. 도량다운 도량, 사람들을 미혹시키는 삿된 무속이나 미신에서 벗어나 제주의 모든 이들이 참된 부처님의 가르침, 진리를 배우고 깨닫게 하여 주십시오.'

관세음보살을 간절하게 부르며 봉려관은 기도했습니다. 그러면서 직접 주변의 나무를 베어내고 돌을 주워 터를 고르기 시작했습니다.

　얼마나 열심히 일을 했는지 봉려관의 손은 울퉁불퉁 못이 박혔고 날카로운 나무나 돌에 긁혀 피가 나기도 여러 번이었습니다. 그 상처 위로 다시 새 살이 돋고 굳은살이 생겼습니다.

　그런 중에도 아픈 사람들은 봉려관을 찾아왔습니다.

그 당시 한반도는 가난하고 힘들었지만, 제주도는 더 가난하고 힘든 땅이었습니다. 땅이 척박해 벼농사도 힘들었고, 사방이 바다인 섬이라 바다에서 불어오는 거센 비바람에 그나마 지은 농사마저 허사로 돌아가기 일쑤였습니다. 배고픔을 견디며 어렵게 구한 좁쌀이나 보리, 고구마 등으로 겨우 허기를 면하며 살아가는 제주 사람들은 병을 앓게 되면 그대로 죽을 수밖에 없었습니다. 의원을 만나기도 힘들고, 의원이 있다 해도 약재나 치료비를 마련하기 쉽지 않았던 것입니다. 그런 제주 사람들에게 병을 고쳐주고 약을 지어주는 봉려관은 삶을 이어가게 하는 희망이기도 했습니다.

"봉려관스님이 절을 만들려고 굴에서 기도하면서 터를 고르신다네."

소문을 듣고 사람들이 봉려관을 찾아왔습니다. 그들은 폐허였던 절터가 가지런히 다져져 있는 걸 보았습니다. 그뿐만이 아니었습니다. 돌과 억새, 흙을 버무린 흙덩이로 만들어 채운 벽, 그 위에 어욱으로 지붕까지 올라간 법당의 모습이 보였습니다. 흙갈퀴처럼 마디마디 거칠어진 봉려관의 손이 그동안의 고생을 말해주고 있었습니다.

사람들은 그 광경에 놀라고 그 모든 것을 맨손으로 이루어낸 봉려관의 노력에 감동하여 너 나 할 것 없이 나서서 일을 돕기 시작했습니다. 봉려관이 땅을 고르면 돌을 날랐고, 억새를 베어오면 흙을 개었습니다. 절 짓는 일에 속도가 붙었습니다. 규모는 크지 않지만 가운데 중심부에 부처님을 모실 수 있는 법당이 모습을 드러냈습니다. 이어서 스님들이 생활할 수 있는 요사채, 몸이 아파서 찾아오는 사람들이 머무를 수 있는 바깥채도 만들어졌습니다. 그렇게 1909년 봄, 한라산 아래 관음사가 세워졌습니다.

사람들은 기뻐하며 관음사를 찾아왔습니다. 부처님께 절을 하고 기도를 하고 가르침을 듣기 위해서 오고, 아픈 몸을 치료하기 위해서도 왔습니다.

1909년 7월, 드디어 관음사가 제대로 된 모습을 갖추었습니다.

봉려관은 관음사가 세워지고 신도들이 모여든 **경과를**

스승 스님과 대흥사 조실 스님을 비롯해 지원을 아끼지 않은 다른 스님들에게 알리고자 해남 대흥사로 떠났습니다.
 절을 세우겠다고 각오를 다진 지 꼭 1년이 지난 뒤였습니다.

조국을 위해 부처의 뜻대로 살다

이백 년 만에 무불의 섬을 찾아온 절, 관음사.
관음사 한가운데 정좌한 봉려관의 귓가에
뭇 생명들의 기도소리가
잔잔한 바람으로 스쳐왔습니다.
어깨동무를 한 크고 작은 오름과 높고 낮은 파도가
속삭였습니다.
"길을 나선 모든 이들이 이곳에서 평화를 찾기를…."

의병들의 죽음

 봉려관이 대흥사에 도착하고 새벽예불도 시작되지 않은 깊은 새벽, 봉려관은 어디선가 들리는 사람들의 웅성거리는 소리와 어지러운 발자국 소리에 눈을 떴습니다.
 곧이어 세상을 찢는 듯한 총소리가 들리고 끔찍하고 무서운 비명소리가 여기저기서 들려왔습니다. 봉려관은 온몸이 얼어붙는 듯한 공포에 꼼짝달싹도 못하고 숨을 멈춘 채 방문만 쳐다보았습니다. 꼭 시간이 멈춘 것만 같았습니다.
 얼마나 지났을까, 봉려관은 살며시 일어나 방문을 열고 밖으로 나갔습니다. 밀려오는 두려움과 불안한 마음을 애써 누르며 봉려관은 대웅전을 지나 소리가 들려온 심적암으로 올라갔습니다.

차마 눈뜨고 볼 수 없는 참혹한 광경이 펼쳐져 있었습니다. 절 마당에 스님들이 여섯 분이나 쓰러져 숨져있었습니다. 숨을 거둔 이들은 스님들뿐만이 아니었습니다. 30여 명이 넘는 사람들의 주검이 여기저기 널브러져 있었습니다. 뒤따라 올라온 다른 스님들도 그 광경을 보고는 다들 얼굴을 돌렸습니다.

"이게 대체 무슨 일입니까?"

봉려관이 사색이 된 옆의 스님을 잡고 물었습니다.

"12년 전, 경복궁에서 중전께서 왜놈들의 총칼에 시해를 당하셨다네. 그리고 임금님께서도 위험을 피해 러시아 공관으로 피하시기도 하고… 뜻있는 사람들이 그때부터 이 땅에서 왜놈들을 몰아내려고 의병을 결성했다네."

"그런데 어찌해서 절에서 이런 참혹한 일이 벌어진 겁니까?"

"4년 전에 을사보호조약이 체결되었는데, 이러다가는 정말 우리나라가 망하고 일본 세상이 되면 어쩌나, 그것만은 막아야 한다며 농민 의병들이 들고일어났고 우리 대흥사 스님들도 음으로 양으로 의병 활동을 돕고 지원했다네."

"우리나라를 지키겠다는데, 총칼로 스님과 의병들을 이렇게 잔인하게 죽이다니!"

봉려관은 끓어오르는 분노를 삭이기 힘들었습니다.

날이 밝자 스님들은 일본군에게 저항하다 목숨을 잃은 스님들과 의병들의 장례 준비를 했습니다. 대흥사 인근 마을에서도 사람들이 달려와 시신을 운구하는 일을 도왔습니다.

"나무아미타불, 나무아미타불⋯."

나라를 지키기 위해 일본에 맞서다 비참하게 죽음을 당한 스님들과 의병들의 시신은 대흥사 가까운 곳에 묻혔습니다. 봉려관은 함께 염불을 하며 돌아가신 분들의 명복을 빌었습니다.

다시 제주도로 돌아오는 배를 탄 봉려관의 마음은 착잡했습니다.

'분명히 우리 땅, 우리 산천임에도 어찌 일본인들이 총

칼을 들고 설칠 수 있단 말인가, 심지어 부처님 도량까지 짓밟고 스님들 목숨까지 해치다니….'

봉려관이 관음사로 돌아오자 신도들은 기뻐하며 맞았습니다.

"주지 스님께서 언제 돌아오시냐고 묻는 이들이 많았습니다. 지금도 요사채에 몇 명이나 스님이 오시기만을 기다리고 있습니다."

봉려관이 물었습니다.

"사람들이 불편하지는 않다던가?"

"스님께서 혼자 길을 닦고 억새를 엮어 벽과 돌을 져서 관음사를 만든 걸 모르는 이가 있나요? 스님을 기다리면서 사람들이 자기들이 묵고 있는 요사채 문도 달고, 우물도 파고 힘을 보탰습니다."

병을 고치기 위해 아픈 몸을 이끌고 찾아온 사람들이 그런 일을 했다니, 봉려관은 마음이 찡했습니다. 서둘러 들어가 아픈 이들을 살뜰히 챙기며 보았습니다.

1910년, 어렵게 조선의 명맥을 잇고 독립국가로 버텨 가던 대한제국은 한일합방으로 일본의 손아귀에 넘어가고 말았습니다. 나라가 망했다는 소식은 제주 사람들에게도 큰 충격이었습니다.

"아니 그러면 이제 일본놈들의 세상이 되었단 말인가요? 이제 우리는 어떻게 살아가지요?"

아픈 몸을 이끌고 봉려관을 찾아온 사람들이 공손하게 합장하면서 간절한 눈빛으로 물었습니다.

"부처님께 열심히 기도하고 그 가르침대로 살면 병도 낫고 방도가 생긴다네."

"정말입니까, 스님?"

"몸의 병만 병이 아니지, 마음의 병이야말로 더 큰 병인데 그걸 낫게 하는 게 부처님의 가르침이라네. 무당이 빌어주고 굿을 한다고 병을 피할 수 있나, 죽음에서 벗어날 수 있나? 굿을 하고 치성을 드려 모든 게 해결된다면 죽을 사람이 뉘 있겠소?"

봉려관은 부처님의 가르침은 그런 것이 아니라고 밝혀

일러주었습니다. 사람들은 그런 봉려관의 말을 듣고 마음이 평화로워졌습니다.

"스님 말씀을 들으니 앞으로 어떻게 살아야 할지 알겠습니다."

사람들은 치료비도 받지 않고 처방을 해주는 봉려관에게 어떻게 보답할까 생각하다 기꺼이 자신들이 가진 것들을 바쳤습니다. 곡식도 있고, 땅도 있었습니다.

"스님, 이 땅들은 돌도 많고 산비탈인 곳도 있고, 더러는 평지에 있기도 합니다. 스님 말씀을 들으니 몸의 병이 낫는 것도 중요합니다만, 저희 마음속 욕심과 어리석음, 독사처럼 똬리 틀고 있는 이런 것들을 덜어내는 것이 중요한 일이라고 느껴집니다. 이 땅들을 거두어 주십시오."

사람들은 봉려관이 부처님 뜻을 펼칠 때 보탬이 되기를 원하며 땅을 바쳤습니다.

봉려관은 대흥사에서 의병들의 처참한 죽음을 본 뒤 계속 자신을 짓누르고 있는 의문을 스스로 풀어야 할 때가 왔음을 깨달았습니다.

'관음사는 이제 어느 정도 자리를 잡았으니 다른 스님이 주지를 맡아도 되겠지. 나는 그동안 마음먹었던 일을 해야겠다.'

봉려관은 또 다시 길을 나섰습니다. 이번에는 서귀포 쪽이었습니다.

항일 운동의 터전, 법정사를 세우다

봉려관은 험한 산길을 걸어 올라갔습니다. 억센 나뭇가지와 가시덤불이 얼굴과 팔다리에 사정없이 생채기를 냈습니다. 걷다가 길이 끊어지면 바위를 넘고 때로는 물살을 헤쳐나가기도 했습니다.

봉려관은 포기하지 않고 계속 걸었습니다. 사람들의 발길이 닿기 힘든 곳, 그래서 잘 드러나지 않아 눈에 띄지 않는 터를 찾기 위해서였습니다. 마침내 해발 680미터에 이르러 봉려관은 발길을 멈추었습니다.

'이 터다, 여기에 절을 세우면 되겠다!'

한라산 자락 깊숙이 자리 잡은 그 터는, 산꼭대기에 단정하게 숨어 있어 그 안에 들어서면 서귀포가 내려다보이지

만 어지간해서는 사람들 눈에 띄지 않는 곳이었습니다. 게다가 샘도 있었습니다. 봉려관은 하늘을 향해 합장했습니다.

"관세음보살님! 고맙습니다. 물이 귀한 제주에, 이 깊은 산중에 샘이 솟는 절터를 찾게 해주시다니!"

봉려관은 그 땅에 엎드려 세 번 절하며 외쳤습니다.

"이 땅, 이 터에 절을 세우겠습니다. 일본놈들의 총칼에서 벗어날 수 있도록 독립운동의 터전을 마련하겠습니다."

그날부터 봉려관은 산 위 그 터에 초막을 짓고 홀로 기거하면서 땅을 다지며 절을 세우기 시작했습니다. 돌을 져서 주춧돌을 쌓고 나무를 잘라 기둥을 세우고 흙을 개어 벽을 바르는 고되고 험한 노동의 연속이었습니다. 그나마 다행스러운 것은 샘물이 있어서 식수를 해결할 수 있다는 것이었습니다.

1911년, 드디어 한라산 높은 곳에 절이 세워졌습니다.

바로 법정사입니다.

　관음사를 떠나오며 결심했던 바를 실천할 수 있게 된 것입니다. 대흥사에서 의병들의 참혹한 죽음을 목격한 뒤로 봉려관은 부처님의 뜻이 무엇인지, 자신이 해야 할 일이 무엇인지 수없이 묻고 생각했습니다. 봉려관은 법정사를 제주 항일 운동의 은거지로 쓸 생각이었습니다. 그래서

사람들 눈에 띄지 않는 이 터를 찾아 그토록 헤매고 다녔던 것입니다.

1910년 한일합방으로 대한제국이 일본의 식민지로 전락하자 곳곳에서 항일 운동이 일어났습니다. 제주도에서도 항일 운동의 불꽃은 활활 타올랐습니다.

스님들 중에는 차력훈련을 한다며 한라산 영실 쪽에 기거하던 분들이 있었습니다. 강창규, 김연일, 방동화인데, 이들은 얼핏 보기에 스님으로 보이지 않았습니다. 상투를 틀기도 하고, 짧게 머리를 깎은 일반인의 모습을 하고 있었기 때문입니다. 독립운동 하는 것을 숨기기 위해 일부러 일반인처럼 꾸미고 차력으로 수련을 하고 있었던 것입니다.

봉려관은 법정사를 창건한 뒤 차력훈련을 하고 있는 그 스님들을 찾았습니다.

"드릴 말씀이 있습니다."

스님들은 갑자기 찾아온 봉려관을 의아한 눈으로 쳐다보았습니다.

"여기서 이렇게 위장하고 지내도 곧 일제의 촉수에 걸릴 것입니다. 정말 위험한 일이지요. 위험할 뿐만 아니라 자칫 독립을 향한 뜻도 좌절될 수 있습니다."

"봉려관스님, 옳은 말씀입니다만 저희들도 오죽하면 이런 모습으로 몸을 숨기고 때를 기다리고 있겠습니까? 함부로 혈기에 따라 행동하다가는 대흥사 때처럼 희생만 커질 뿐입니다. 자칫하다가는 일본놈들에게 절마저 쑥대밭으로 무너질 위험도 크지 않습니까?"

봉려관은 그 말을 듣고 대답했습니다.

"제 말이 그것입니다. 일본에 맞서 나라를 되찾는 것은 우리 모두의 일입니다. 그러나 스님들 말씀처럼 조금만 방심했다가는 오히려 큰 위험에 처하겠지요. 모습을 숨기고 이렇게 은둔하고 있지만, 의심받는 건 시간문제입니다."

그들은 봉려관의 지적을 반박하기 힘들었습니다.

봉려관은 이어서 말했습니다.

"가능한 한 사람들의 눈에 띄지 않아야 합니다."

"그런 곳이 어디 있겠습니까? 저희와 뜻을 함께하는 이들이 독립운동을 위해 모여 살려면 그래도 규모가 좀 있는 곳이라야 하는데 일반 집도 어렵고, 절도 신도들이 오가니 사람들의 이목을 끌게 됩니다. 오죽하면 이렇게 차력훈련을 하며 이런 곳에서 생활하겠습니까?"

봉려관은 그제야 자신의 생각을 말했습니다.

"제 생각도 마찬가지입니다. 제가 그래서 관음사를 떠나 사람들이 찾기 힘든 산중에 새롭게 절을 세웠습니다."

"봉려관께서 세우고 주지로 계시던 관음사를 떠나셨다구요?"

"이제 관음사는 어지간히 신도들도 안정되고 자리를 잡았습니다. 꼭 제가 아니더라도 제 뒤로 오신 주지 스님께서 잘 이끌 수 있을 것입니다. 그보다 더 시급한 일을 꼭 하고 싶어서 떠난 것입니다."

봉려관은 자신이 맨손으로 일군 한라산 깊은 곳의 법정사로 그들을 안내했습니다. 험한 산길을 헤치고 꼭대기에 오른 사람들은 자기들 눈을 의심했습니다.

"참으로 희한한 터입니다. 산 아래서는 물론이고 한라

산을 오르는 사람들도 찾기 어려운 이런 터가 있었군요!"

평지가 있을 것 같지 않은 산 한가운데 울창한 나무와 숲이 둘러싼 그 안에 봉려관이 피땀 흘려 세운 법정사가 모습을 드러냈습니다. 절은 크지 않았지만 단단하고 규모가 짜임새가 있었습니다.

"누가 여기에 절이 있다는 걸 짐작이나 하겠습니까?"

봉려관을 따라온 스님들은 감탄했습니다.

"사람들은 이곳 법정사를 알기 어려울 것입니다. 그러나 보십시오."

봉려관이 가리키는 쪽으로 가서 보니 이게 웬일입니까, 그곳에서는 서귀포 쪽이 한눈에 내려다보였습니다.

"마을뿐만 아니라 일본경찰이 있는 곳도, 봉수대도 다 보이는군요!"

놀라는 이들에게 봉려관이 말했습니다.

"독립은 하루이틀에 이루어지지 않을 것입니다. 그렇다면 우리 모두 지치지 않고 서로 할 수 있는 일을 맡아 제몫을 다해야 합니다. 일본이 찾기 힘든 곳에서 마음을 모으고 지혜를 모아 힘을 기르는 게 가장 큰일입니다. 아는 사람이 없을수록, 보는 눈이 없을수록 일제의 추격을 피할 수 있습니다. 제가 지금부터 필요한 자금이며 물품들을 조달하고 연락책을 맡도록 하겠습니다."

이들은 봉려관의 말을 듣고 큰 힘을 얻었습니다.

이때부터 항일지사들의 활동이 법정사에서 펼쳐졌습니다. 사람들의 눈에 쉽게 띄지 않는 은거지가 마련되니 제주도의 항일 독립운동은 힘을 얻었습니다.

말을 타고 달리는 스님

제주도는 한반도에서 제일 큰 섬입니다.

봉려관은 신도들을 만나고 자신에게 병을 고치러 오는 사람들을 돌보며 다니기 위해 말을 타고 달리곤 했습니다. 봉려관이 말을 타고 달리는 모습을 보면 사람들은 합장하며 인사를 드리기도 했지만 고깝게 여기며 비방하는 이들도 있었습니다.

"아니, 여자가 말을 타고 제주도를 휘젓고 다니니 볼썽사나워서 원."

어떤 이들은 길을 막으며 손가락질하기도 했습니다. 봉려관은 그런 사람들의 비방에 굴하지 않았습니다. 그런 이들을 만나면 길을 멈추고 말에서 내렸습니다.

"이보오, 나는 여자가 아니라 부처님 가르침을 따르는 출가수행자요. 그리고 여자가 말을 타지 말라는 법이 세상에 어디 있소?"

당당한 봉려관의 말에 그들은 마땅히 반박할 말이 없어 물러나곤 했습니다.

"말을 타고 시간을 아끼며 부처님 뜻을 펴고, 이웃에게 도움이 되려는 내가 이상한 게 아니라, 그저 남들을 비웃고 세상에 도움되는 일은 하나도 하지 않는 당신들이 부끄러운 것이오."

뒷모습을 보이며 내빼는 이들을 향해 봉려관은 이렇게 말했습니다.

봉려관은 포교를 계속했습니다. 그러면서 은밀히 일제의 눈을 피해 제주도와 바다 건너 육지에서 전해져 오는 독립자금을 받아 전하는 등 법정사를 기반으로 제주도의 항일독립운동이 지속되도록 지원을 아끼지 않았습니다. 또한 양식을 구해 산 위에 있는 법정사로 나르고, 일본경찰에 쫓기는 이들을 몰래 숨겨주었습니다. 법정사는 그렇게 제주 항일 운동의 본거지가 되어갔습니다.

군자금이 필요하면 항일지사들은 봉려관에게 부탁했습니다.

"스님, 군자금이 필요합니다. 스님의 도움이 아니면 헤쳐나가기 어렵습니다."

봉려관은 자신이 할 수 있는 모든 힘을 다했습니다.

"조금만 기다려보십시오. 일본 동포들을 비롯하여 육지에서도 우리와 뜻을 같이하면서 자금을 보내주기로 했습니다. 제가 포구에서 신도들을 돌보면서 기다리면 일본인들의 눈을 피해 자연스럽게 받을 수 있습니다."

봉려관은 이제 법정사도 다른 스님에게 맡기고 또 다른 곳에 부처님 도량을 세워야겠다고 마음먹었습니다. 그것이 제주도 곳곳에 부처님의 가르침을 펼치는 길이면서 또 일본인들의 추적과 의심을 따돌리고 피할 수 있는 최선의 방안이라 생각했습니다.

법정사를 아지트로 삼아 항일 독립운동을 준비하던 시기가 드디어 무르익었습니다.

봉려관이 법정사를 찾았을 때 항일 독립을 준비하던 이들이 합장하며 예를 갖추었습니다.

"봉려관스님, 드디어 그날이 다가왔습니다!"

"언제 거사를 하기로 결정하셨습니까?"

"10월 7일입니다. 법정사 새벽예불을 틈타 마을 장정들 수십 명이 법정사로 올라올 것입니다. 그들이 여기에 숨겨 놓은 화승총과 곤봉들을 산 아래 마을까지 나르기로 했습니다. 그리고 그들이 선봉대를 맡아 마을에서 기다리는 사람들을 이끌기로 했습니다."

봉려관은 설명을 듣고 무사히 진행되기만을 빌었습니다.

"그동안 스님께서 물심양면으로 온갖 지원을 해주시고 궂은일을 다 맡아주셔서 가능하게 되었습니다."

"무슨 말씀을요. 모든 사람이 평등하고 행복하기를 바라는 부처님 뜻에 따른 것뿐입니다. 산 아래 마을 사람들에게 거사 날을 전해주겠습니다. 각별히 조심하십시오."

봉려관은 무장 항일 운동을 결행할 날짜를 도순리 사람

들에게 알리기 위해 산을 내려갔습니다. 법정사 사람들이 봉려관에게 당부했습니다.

"스님, 도마뱀이 꼬리를 자르고 도망가야 살아남을 수 있듯이 이번 무장 투쟁이 실패하더라도 스님의 역할이나 존재가 드러나지 않아야 제주도는 항일 운동의 불씨를 살릴 수 있습니다. 부디 조심하십시오."

그들의 진심어린 당부에 봉려관은 다시 한 번 합장했습니다.

1918년 10월 7일!

날이 채 밝기도 전, 새벽 어둠을 틈타 법정사에 은거하며 항일 무장 독립운동을 준비해온 사람들이 은밀하고도 신속하게 마을로 내려왔습니다. 봉려관이 전해준 대로 도순리 인근의 마을 주민 7백여 명이 미리 준비하고 기다리고 있었습니다. 삼삼오오 대열을 갖추고 법정사에 숨겨두었던 화승총과 곤봉을 나눠 가지고 일본경찰과 군인과 맞설 대오를 꾸렸습니다.

멀리서 이를 지켜보는 봉려관은 마음이 뭉클해졌습니다. 반년 이상, 거사를 할 시기를 정하고 그동안의 자금을 모아 무기를 구입하고, 중간에 연락을 맡고, 소식을 전하기 위해 노심초사하며 애를 태웠던 일들이 떠올랐습니다. 지휘를 할 스님들이 법정사에서 내려오기를 기다렸습니다. 봉려관은 몰래 마을 사람들에게 물었습니다.

"다른 준비는 차질이 없습니까?"

"걱정 마십시오. 일본인들을 몰아내고 독립을 쟁취하자, 우리 제주도민들이 이를 위해 모였다는 격문을 지난밤 서귀포 시내 곳곳에 붙였습니다. 아마 날이 밝으면 일본놈들이 깜짝 놀랄 것입니다."

봉려관은 모든 일이 잘되기를 기도했습니다.

법정사에서 지휘를 맡을 스님들이 내려와 마을 사람들과 합류했습니다. 법정사 예불에 참석했던 선봉대 34명이 중문리에 이르렀을 때에는 인근 마을 사람들까지 합세하여 700여 명이 훌쩍 넘었습니다.

사람들은 선봉대장 강창규의 지휘 아래 전선과 전주를 절단하고, 중문리 경찰관 주재소를 불태웠습니다.

"일본놈들의 주재소가 불타는 걸 보아라!"

만세를 부르며 몰려든 사람들은 기세를 올렸습니다.

사람들은 화승총과 곤봉을 들고 중심지로 향했습니다.

"대한독립만세! 일본놈들은 물러가라!"

"조선사람들을 침탈하는 일본인 관리들, 상인들도 물러나라!"

"악독한 일본경찰, 군인들은 조선사람들을 해치지 말라!"

함성은 점점 커졌습니다.

예기치 못한 사태에 일본 군경은 놀라고 당황했습니다.

"저들이 언제 저렇게 화승총까지 준비했지?"

제주 시내 곳곳에 격문까지 붙었다는 사실을 알게 되자 일본 경찰과 군인들은 총독부와 일본 정부에 지원을 요청하고 법정사 항일 독립운동을 주도한 이들과 참여한 사람들을 잡아들였습니다.

"큰일이 아닌가, 저런 불온세력이 육지로 번져가기 전에 그 싹을 잘라야 해!"

제주에 있는 일본경찰과 군인의 요청을 받고 총으로 무장한 일본의 기마 순사대가 항일 운동에 나선 사람들을 무자비하게 공격했습니다. 거친 말발굽 소리와 총칼로 무장한 이들에게 화승총과 곤봉만으로 항일 운동에 나선 제주도민들은 짓밟히고 흩어지고 마구잡이로 잡혀갔습니다.

"일본에 반대하는 폭도들의 근거지, 법정사를 불태워라!"

어떻게 알았는지 일본경찰은 한라산으로 올라가 법정사에 불을 질렀습니다.

천혜의 은거지였던 법정사가 허무하게 불길에 휩싸였습니다. 마을 사람들은 발을 동동 구르며 눈물을 흘렸습니다. 봉려관은 타오르는 불길을 보며 울분을 삭였습니다.

'네놈들이 법정사는 태울 수 있을지 모르지만 우리 마음속에 있는 불씨는 빼앗아갈 수 없을 것이다!'

한반도에서 일어난 최초의 무장 항일 독립운동, 1918년 무오년에 일어났다 하여 '무오법정사항일운동'으로 알려진 이 독립운동의 숨은 주역이 봉려관이라는 사실을 일제는 알 수 없었습니다. 다음해인 1919년, 서울에서 일어난 3.1운동보다 한 해 먼저였습니다.

봉려관을 제외하고 무오법정사항일운동 관련자들은 대부분 체포되었습니다. 일제는 이들을 목포에 있는 일제 재판부에 회부해 무거운 형을 언도했습니다. 이들은 재판을 받으면서도 당당했습니다.

"내 나라를 찾는 일이 어떻게 죄가 된다는 말이오? 도둑을 쫓아내고 내 집과 내 나라를 지키는 것은 당연한 일, 이건 오히려 도둑이 주인을 재판하는 것과 마찬가지니 우습기 짝이 없소."

이렇게 일본의 재판부에 항거하면서 일본이 얼마나 부당하게 우리나라를 무력으로 침략했는지, 조선사람들을 억압하고 수탈했는지 조목조목 따졌습니다.

일제는 주모자로 알려진 김연일스님에게 징역 10년형을, 또 다른 사람들에게도 소요와 보안법을 위반했다는 죄목으로 중형을 구형했습니다.
　일제는 일본인들을 몰아내고 독립을 쟁취하기 위해 사전에 치밀하게 뜻을 세우고 사람들을 모으고, 화승총과 곤봉까지 준비하고 격문을 붙이는 조직력과 행동력을 두려워하고 경계했습니다.

일제가 독립운동가들을 취조하고 재판하는 동안 가혹한 고문과 구타를 해서 재판이 진행되기도 전에 목숨을 잃은 사람도 나왔습니다. 또 재판이 진행되고 수감생활을 하는 중에도 고문의 후유증과 열악한 환경 때문에 세상을 떠난 이들도 있었습니다.

사건이 그렇게 종결된 후에도 일본은 제주에서 일어난 자생적인 무장 항일 독립운동을 심각하게 경계했습니다.

"이미 법정사를 불태우지 않았습니까?"

전전긍긍하는 일본 경찰 간부에게 부하가 말했습니다.

"모르는 소리! 법정사는 불태웠지만, 제주도 사람들 마음속에 있는 불씨가 문제야. 그것을 없애야 한다는 말이지. 그러지 않으면 또 언제 다시 불길이 살아날지 몰라."

그 계략으로, 일본은 법정사 스님들이 항일 독립운동에 나선 것을 왜곡하여 헛소문을 퍼뜨리기 시작했습니다.

"사람들에게 그곳은 제대로 된 절이 아니라 혹세무민하는 사이비 세력들이 삼삼오오 모인 곳이라고, 그러니 절대로 가서는 안 된다고 퍼뜨려."

일제의 이런 계략은 여기서 그치지 않았습니다. 무오법정사항일독립운동에 참가한 사람들의 수도 형편없이 축소하여 발표했습니다. 그나마 다행스러운 일은 무오법정사항일독립운동의 핵심 관계자가 아닌 이들은 봉려관이 한 일을 눈치 챌 수 없었다는 것입니다.

봉려관은 불타버려 잿더미가 된 법정사에 올랐습니다. 맨손으로 터를 다지고 샘을 파고 지붕을 이었던 도량이 폐허로 변해버린 모습을 보자 마음이 아팠습니다.

'그래도 이 땅에서 제주도 최초로 항일 독립운동의 싹을 틔웠으니….'

봉려관은 이렇게 생각하면서 관음사를 향해 발길을 돌렸습니다. 앞으로 해야 할 일이 더 많았습니다. 가장 시급한 일은 감옥에 갇힌 독립운동가들에게 사식도 넣어주고 필요한 물품을 지원해주는 옥바라지를 하는 일이었습니다.

'그들이 살아있어야 다음을 기약할 수 있어!'

봉려관이 관음사로 돌아오자 사람들은 기뻐하며 반겼습니다.

"아이고, 봉려관스님이 오셨네!"

"혹시나 일본놈들이 놓은 불길에 스님이 해를 입지나 않았을까 얼마나 걱정했는지 모릅니다."

봉려관도 그들을 반갑게 맞았습니다.

관음사에 봉려관이 돌아왔다는 소식을 듣고 사람들이 모여들었습니다. 그중에는 돈을 벌기 위해 일본으로 갔다가 돌아온 이들도 있었는데, 일본 땅에서 갖은 멸시를 받으며 험한 노동과 고생으로 골병이 들어 위독한 이도 있었습니다.

"관음사 봉려관스님을 찾아가 보시게. 스님을 만나면 병을 고칠 수 있어."

이런 말을 듣고 찾아온 환자들이었습니다. 이들은 여기저기 아픈 곳을 말하며 통증을 호소했습니다.

"왜 일본에서 의원을 찾거나 약을 먹지 않고 이토록 병이 깊어질 때까지 참고 있었소? 이 몸을 끌고 제주도까지 온 것도 용한 일이오만…."

"스님, 말도 마십시오. 말은 안 통하지, 통한다 해도 조센징이라고 천대하고 부려먹습니다. 돈을 벌기 위해 악착같이 버틸 수밖에요."

"나라 없는 백성은 어디든 살기가 힘들지… 더구나 일본 땅에선 더 그럴 테지."

"스님, 제 병이 나아 일본에 다시 들어가면 나라를 찾기 위해 뜻을 같이하는 동포들에게 스님 말씀을 전하겠습니다."

그 환자를 보고 봉려관은 말했습니다.

"남의 나라 땅에서 얼마나 고생이 많겠소? 더구나 나라 잃은 백성은 더욱 업신여김 당하고 천대받는 법이니, 나라를 되찾는데 힘을 보태는 건 나라 안팎 구분이 없지요."

며칠이 지나고 그 환자가 다시 봉려관을 찾아왔습니다.

"스님, 덕분에 몸이 나았습니다. 그래서 일본 오사카로 다시 들어갑니다. 떠나기 전에 스님께 인사드리러 왔습니다. 그리고 스님, 이번에 일본 땅으로 가면 저와 뜻을 같이하는 사람들을 모으겠습니다. 몸은 일본에 있어도 우리나라를 되찾는 데 도움이 될 수 있도록 힘을 합하겠습니다."

봉려관은 아무 말 없이 합장하며 그를 배웅했습니다. 서로 말하지 않아도 이심전심으로 뜻이 통했습니다.

"언제 스님께서 편하실 때, 오사카 저희 동포 불자들에게

한번 와주십시오. 스님께서 오셔서 고생하는 동포들에게 법문을 들려주시면 용기를 얻을 것입니다."

봉려관은 흔쾌히 그 초청을 받아들였습니다.

그 뒤, 일본 오사카에서 은밀하게 동포들이 모은 항일 운동자금이 봉려관에게 전해졌습니다. 봉려관은 그 자금을 육지의 항일 운동 단체를 오가며 전했습니다. 때로는 배를 타고 해남 대흥사로 가거나, 대흥사에서 말을 달려 통도사를 찾기도 했습니다. 명분은 육지의 절을 찾아 제주 관음사와 제주도 불교의 현황을 전하고 의논한다는 것이었지만, 제주도와 육지의 비밀 독립운동 결사단체에 지원금을 전하기 위해서였습니다.

불교의 맥이 끊어진 제주도에 맨손으로 산천단에 포교당을 짓고, 한라산 자락에 관음사를 창건하고, 해발 640미터 높이에 법정사를 세운 봉려관의 열정은 일제의 의심을 따돌릴 수 있었습니다.

폐사가 된 절들을 다시 일으키다

 여느 날과 마찬가지로 관음사에서 기도하고 병자들을 돌보며 지내던 봉려관은 문득 이런 생각이 들었습니다.
 '고인 물은 썩기 쉬운 법, 법정사가 불타버렸지만 이대로 가만히 있어서는 안 되겠다.'
 봉려관은 역사가 오래된 큰 절이었지만 폐사가 된 채 허물어져 버린 절들을 다시 일으켜 세워야겠다고 결심했습니다.
 '중앙에 관음사를 두고 제주도 동서남북 어느 곳에서든 부처님의 가르침을 만날 수 있도록 무너진 절을 다시 일으키고, 새 절도 세우고 해야겠다.'
 봉려관은 서귀포로 나갔습니다.

하원동에는 고려시대, 멀리는 통일신라시대부터 건립되어 위용을 자랑했다는 큰 절, 법화사의 절터가 있었습니다. 법화사가 번창했을 때는 물론이고 조선초기만 해도 절에 소속된 노비만 280명이나 되었다는 기록이 있을 정도로 큰 절이었지만, 빈터만 남아 있었습니다. 그런데도 연못에는 여전히 연꽃이 아름답게 피어 있고, 절 마당에는 그 긴 세월 동안 법화사가 겪어온 온갖 고초를 지켜본 소나무들이 조용히 서 있었습니다.

봉려관이 절터에 서성이는 모습을 보았는지 마을의 노인 하나가 다가왔습니다.

"어디서 오신 스님이십니까?"

"저는 관음사에 있는 봉려관이라고 합니다. 법화사가 오래 버려져 있어 안타까운 마음에 찾았습니다."

"이를 말씀입니까, 스님. 그 옛날 해상왕 장보고가 세운 절이라고 제가 어릴 적에 듣고 자랐습니다. 이처럼 오래된 큰 절이 폐사되다니 정말 슬픈 일이지요. 저희 마을 사람들은 혹시라도 이 절이 다시 옛모습을 찾으면 얼마나 좋을까, 그런 말들을 한답니다."

　봉려관은 풀과 이끼로 덮인 절터를 돌아보았습니다.

　번성했을 때는 얼마나 넓었을지 가늠하게 해주는 주춧돌과 돌기둥에 낀 이끼가 세월의 흔적을 말해주었습니다. 늪지가 있는 연못에서 봉려관은 발길을 멈추었습니다.

　'그 세월을 견디고 연꽃이 피었구나!'

봉려관은 법화사를 다시 일으켜 세우기로 결심했습니다.

봉려관이 땀을 흘리며 그 넓은 법화사 절터를 치우고 정돈하는 것을 보고 마을 사람들이 달려와 말했습니다.

"스님, 힘들지 않으십니까?"

봉려관은 흘러내리는 땀을 닦으며 웃었습니다.

"아무것도 없는 험한 산꼭대기에서도 부처님 뜻이면 몸이 부서져라 터를 다지고 흙을 나르고 기둥을 세워 절을 일으켰소. 그런데 여기는 이미 천년도 전에 부처님을 모셨던 땅이고, 스님들이 계시면서 부처님 말씀을 전하고 공부했던 곳이 아니오? 충분히 할 수 있는 일이지."

봉려관의 의연한 태도와 말에 마을 사람들의 마음이 움직였습니다. 삼삼오오 달려와 힘을 보탰습니다. 거기에 법정사 항일 운동으로 일제에 의해 재판을 받고 감옥에 갇혀 있던 이들이 출소하자 봉려관을 찾아왔습니다.

"스님, 갇혀 있는 저희들에게 지극정성으로 사식도 넣어주시고 영치금도 주셔서 그나마 혹독한 감옥생활을 견디고 세상으로 나올 수 있었습니다. 정말 고맙습니다."

"당연히 밖에 있는 사람으로서 해야 할 일을 한 것뿐입니다. 몸이나 빨리 추슬러 회복하도록 하십시오."

봉려관이 이렇게 말했지만 이들 독립지사들은 봉려관을 도와 법화사를 다시 일으키는 데 힘을 보탰습니다.

이들은 일본이 불 질러 태워버린 법정사를 떠올렸습니다. 아무리 짓밟혀도 다시 봄이면 자라나는 푸른 풀처럼 봉려관을 따라 다시 법화사를 일으키면 또 다른 터전이 될 것이라는 사실을 믿어 의심치 않았습니다.

이런 여러 사람들의 땀과 노력으로 서귀포의 법화사가 수백 년 만에 다시 부처님을 모시고 사람들이 모여 기도할 수 있는 곳으로 변모되었습니다. 천년이 넘는 역사를 가진 법화사가 과거의 찬란했던 모습을 되찾자 신도들이 모여들었습니다.

봉려관은 사람들에게 다시 떠나겠노라 밝혔습니다.

"스님! 법화사가 이만큼 안정되고 사람들이 모여드는데 또 어디로 가십니까?"

마을 사람들과 신도들이 봉려관을 말렸습니다.

그러나 봉려관의 뜻은 단호했습니다.

"앞으로도 할 일이 산더미처럼 많소. 높은 파도를 타고 넘듯 우리는 항상 쓰러지지 말고 앞으로 나아가야 하지. 나는 이제 동쪽으로 가서 불탑사를 다시 재건해볼 생각이오."

"동쪽의 불탑사요?"

불탑사는 고려시대의 절이었습니다. 큰 절로 알려졌으나 역시 조선 후기로 오면서 무너지고 폐허가 된 채 버려진 곳이었습니다.

"스님, 그곳은 이곳 서귀포보다 사람들이 없어 한적한 곳입니다. 어찌 하시려구요?"

사람들은 봉려관이 더 힘들어질 것을 염려해 만류했습니다.

"편한 것만 찾으려면 내가 왜 출가해서 수행자가 되었겠소? 나는 출가하고 수계를 받으면서 목숨이 다하는 날까지 부처님 뜻을 따르겠다고 맹세한 사람이오. 그대들 눈에는 불탑사가 다 무너지고 허물어진 것만 보이오?"

봉려관이 이렇게 묻자 사람들은 서로 얼굴을 쳐다보며

멀뚱거렸습니다.

'아니, 그럼 불탑사가 다 무너지고 허물어졌지. 법당이 있나, 요사채가 있나?' 이런 생각들이 스쳐갔습니다.

그런 모습들을 보면서 봉려관은 잠시 침묵하다가 말했습니다.

"법화사가 다 무너지고 폐허가 되었어도 늪지에서 연꽃을 피워내는 걸 못 보았소?"

사람들은 봉려관의 그 말에 반박할 수 없었습니다.

"법화사에는 연꽃이 피었지만, 불탑사에는 탑이 있소."

불탑사에는 제주의 돌, 현무암으로 만들어진 오층석탑이 있었습니다. 그제야 사람들은 봉려관의 말에 수긍했습니다.

"탑이 아직 남아 있고, 절터가 있으니 그걸 다시 일으키는 게 우리들의 몫이지. 우리 이제부터 절이 무너졌다 불타버렸다, 아무것도 없다, 이런 말은 그만합시다. 무너져도 그 터가 있으면 있는 것이오, 불타버려도 다시 지으면 되는 것이지. 일으켜 세우는 우리 마음, 우리의 힘이 가장 중요한 것입니다."

그 누구도 봉려관의 말을 반박할 수 없었습니다.

그렇게 봉려관은 제주의 동쪽 불탑사를 다시 중건하기 위해 떠났습니다.

'한 곳에 머무시면 훨씬 편하시련만….'

이런 권유를 하고 싶은 신도들도 더 이상은 아무 말도 못했습니다.

봉려관의 노력과 그런 봉려관의 뜻을 따르는 신도들이 늘어나면서 불탑사도 새롭게 단장되었습니다.

봉려관은 불탑사 경내, 탑을 향해 기도하기 좋은 자리를 정해 초막을 만들었습니다. 신도들은 걱정했습니다.

"아이고, 스님. 비바람 피하기도 힘들겠습니다."

봉려관은 웃으며 의연하게 대답했습니다.

"초막이 허술해도 우리의 믿음이 굳세면 부처님 도량은 흔들리지 않을 겁니다."

그러나 아쉽게도 봉려관의 신념어린 이 초막 법당은 2014년 훼손으로 지금은 자취도 없이 사라져버렸습니다.

불탑사가 중건되고 어느 정도 안정이 될 즈음, 봉려관은 다시 길을 나섰습니다. 신도들은 그런 봉려관이 섭섭해서 붙잡으며 말했습니다.

"스님, 또 어디로 가시려고 하십니까?"

"어디로 가든 다 제주도 안이고, 내 손과 내 힘이 필요한 곳이지."

봉려관이 어디를 가든 아픈 사람들은 여전히 봉려관을 찾아와 병이 나으려면 어떻게 해야 하는지 물었습니다. 마땅한 병원도, 의원도 없이 힘든 삶을 이어가는 사람들은 봉려관의 처방에 따라 병이 나으면 기뻐서 어쩔 줄 몰랐습니다.

"스님, 돈도 없고 곡식이 풍성하게 결실 맺는 기름진 땅도 아닙니다. 그저 산비탈이나 바닷가 바위가 많은 그런 값어치 없는 땅이지만 이거라도 받아주십시오."

신도들이 이렇게 감사의 표시로 봉려관에게 바친 땅만 훗날 살펴보니 무려 수만여 평이나 되었습니다.

봉려관은 신도들의 그 뜻을 어떻게 하면 더 가치있게 살릴 수 있을까, 부처님의 뜻을 펴는데 더 낫게 쓸 수 있을까, 깊이 궁리했습니다.

1920년대에 접어들면서 봉려관은 제주도 사람들에게 낯선 결단을 내렸습니다.

'이제 부처님도 마을과 시내 한가운데, 사람들 가까이로 나와야겠다!'

봉려관은 전통적인 절도 세우고 되살려야 하지만, 좀

더 혁신적인 방향이 필요하다고 생각했습니다.

봉려관이 관음사나 법화사, 불탑사를 떠날 때 후임으로 온 주지 스님들은 이런 봉려관을 주장 스님이라고 불렀습니다.

"봉려관스님은 주지 스님이 아니라 주장 스님이시지요. 봉려관께서 주장이 되셔서 앞장서 길을 나가시면 제주 불자들은 모두 따라가는 거 아닙니까?"

그 스님들은 봉려관이 이번에는 어떤 생각을 하고 있는지 궁금해서 물었습니다.

"스님, 이번에는 자꾸 시내로 나가신다면서요? 시내에 어디 마땅한 절터를 보셨습니까?"

질문을 받은 봉려관은 비로소 자신의 생각을 털어놓았습니다.

"사실 이번에는 시내 중심가에 포교당을 열고 싶습니다. 사람들이 가장 많이 오가는 번화한 곳에 열어 많은 사람들이 부처님을 쉽게 만날 수 있도록 말입니다."

번화한 시내 한복판에 포교당이라니, 한 번도 본 적도

없고 생각해 보지도 않았던 일이라 스님들은 당황해서 아무도 선뜻 입을 열지 않았습니다. 봉려관이 빙그레 웃으며 말했습니다.

"이번에도 한번 지켜봐 주십시오."

제주 중앙포교당(성내포교당)은 이렇게 출발했습니다. 지금 제주도에서 가장 번화한 시장인 동문시장 그 한가운데에 봉려관의 숙원인 성내포교당이 문을 연 것입니다. 제주도 이도리 1362번지, 많은 부분이 시대의 흐름 속에 변화했지만 지금도 여전히 봉려관이 세운 중앙포교당은 오가는 사람들의 발길 속에 굳건히 자리하고 있습니다.

1925년, 드디어 제주도 중앙포교당(성내포교당)이 문을 열었습니다. 많은 사람들이 모였지만 특히 여성 불자들이 반겼습니다.

"부처님께 기도하러 가려면 깊은 산중, 먼 바닷길을 걸어야 했는데, 이제는 집에서 바로 달려나오면 부처님을 뵐 수 있고 기도할 수 있으니 얼마나 복된지 모르겠습니다."

봉려관은 중앙포교당을 열면서 다른 곳에서는 볼 수 없는 조직을 만들었습니다. 그것은 '제주불교부인회'와 '제주불교소녀회'였습니다. 새벽 3시 반, 예불시간이 되면 어김없이 포교당을 찾는 부인회와 소녀회 신도들로 예불소리가 낭랑하게 울려퍼졌습니다.

봉려관은 부인회와 소녀회 교육에 힘을 쏟았습니다.

"이보시오, 예로부터 제주도를 삼다의 섬, 바람과 돌과 여인이 많은 섬이라고 하지 않소? 땅도 척박하고 비바람이 무섭게 불어 하냥 바다를 바라봐야 하는데, 그래도 강인한 제주 여성들의 힘이 이제껏 이 섬을 지켜온 것이지. 일당 백, 제주 여성들의 힘은 그만큼 대단합니다."

봉려관은 새로이 밝아오는 시대가 되면 여성들이 깨어 있고 공부를 해야 세상을 바로잡을 수 있다고 항상 강조했습니다. 이런 봉려관의 가르침은 포교당에 모여든 여성 불자들의 마음에 뜨거운 불씨로 전해졌습니다. 점점 새벽예

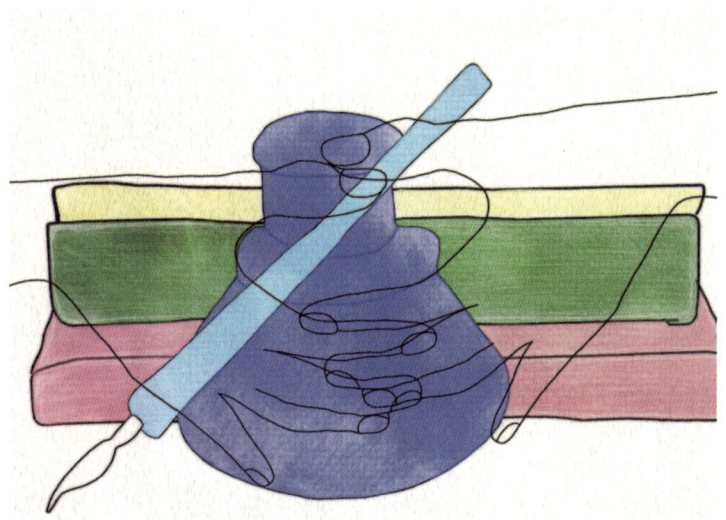

불에 참석하는 부녀회, 소녀회 신도수가 늘어 법당이 가득했습니다.

봉려관은 적극적으로 이런 포교 활동을 이어가면서 일제의 눈에 띄지 않게 독립군 자금을 모으고 전달하는 일도 계속했습니다. 특히 오사카 등지의 일본에서 일하는 동포들이 피땀 흘려 모은 돈을 모아서 보내오면 위험을 무릅쓰고 육지의 독립군 조직에 전달했습니다.

봉려관은 일본에 있는 신도들이 청하면 배를 타고 일본으로 가기도 했습니다. 불사를 위해서, 혹은 신도들을 보기 위해서라는 명분이었지만, 일본에서 독립운동을 지원하기 위해 모은 독립군 자금을 전달하기 위한 뜻이 숨겨져 있었습니다.

특히 중앙포교당이 문을 열자 봉려관의 뜻에 감복한 사람들이 앞다투어 포교당에 필요한 물품들을 보시하고 전해왔습니다. 오사카에서는 금종을 만들어서 봉려관이 직접 배로 싣고 와 중앙포교당에 두었습니다. 또 대흥사를 비롯한 육지의 다른 절에서도 많은 보시금과 함께 340근이나 되는 범종을 보내왔습니다. 새벽마다 그 소리는 독립의 염원을 바라고 부처님의 뜻이 널리 퍼지기를 바라는 이들의 마음처럼 청아하게 멀리 울려퍼져나갔습니다.

동쪽의 백련사, 서쪽 한경면 고산에 세워진 월성사도 봉려관에 의해 지어지고 모습을 새로이 해서 믿음의 도량이 되었습니다. 그렇게 해서 제주에는 관음사를 중심으로 동서남북에 절이 우뚝 세워졌습니다. 봉려관은 주로 관음사에 머물렀지만 포교당과 자신의 손길이 닿은 다른 절들도 자주 들러 살피고 기도하곤 했습니다.

1932년 5월 단옷날, 산천단 소림사에 머물고 있던 봉려관은 이날 흙담을 손보고 있었습니다. 그때 저만치 산 아래쪽에서 보살 하나가 이쪽으로 올라왔습니다. 그 보살이 봉려관 가까이 다가왔습니다.

"혹시 봉려관스님이십니까?"

흙을 이겨 담을 쌓느라 손과 옷이 흙으로 범벅이 된 채 봉려관은 고개를 들었습니다.

"뉘시오?"

"스님, 저는 담양에서 온 성정각이라고 하는 보살입니다. 기도를 하는 중에 산천단으로 가서 봉려관을 뵙고 가사를 전하라는 말씀을 들어 이렇게 왔습니다."

봉려관은 성정각 보살을 찬찬히 살펴보았습니다.

"내게 가사를 전하러 오셨다고?"

그러자 성정각 보살은 그 자리에서 봉려관에게 삼배를 하고 가사를 바쳤습니다. 얼떨결에 가사를 받아든 봉려관은 20년 전 단옷날을 떠올렸습니다.

'20여 년 전, 바로 오늘 같은 단옷날에 그 대사께 가사를 받았는데….'

봉려관은 오래전 기억에 잠시 머물며 생각에 잠겼습니다.

때마침 점심때가 되었습니다. 봉려관은 가사를 바친 성정각 보살에게 공양을 하고 가라고 밥을 차려 주었습니다. 밥상을 받은 보살은 깜짝 놀랐습니다. 담양 만석꾼 부자인

국채웅의 딸이었던 국추, 성정각 보살은 거친 조와 잡곡이 그릇도 변변치 않은 함지박에 담겨져 나오자 제대로 넘길 수 없었습니다.

'아, 봉려관스님은 항상 이렇게 드시는구나!'

반찬도 없고 밥이 거칠어 못 먹겠다는 말은 차마 할 수 없어 우물쭈물하다가 속이 아프다는 핑계를 대며 숟가락을 내려놓았습니다. 그 모습을 본 봉려관은 이내 왜 그런지 알아차렸습니다.

"반찬도 변변찮고 쌀 없는 밥이 거칠어서 넘기기 힘들지요?"

그러고는 물을 말아서 한번 먹어보라고 권했습니다.

거친 밥이었지만 물을 부어서 말아 먹으니 그럭저럭 먹을 만했습니다.

성정각 보살은 이 인연으로 봉려관의 제자가 되었습니다.

지는 연꽃 자취 없어라

　1930년대로 접어들자 일제의 압박은 더욱 극렬해졌습니다. 만주사변까지 일으켜 한반도뿐만 아니라 동북아시아 전체를 침략하더니 급기야는 하와이의 진주만을 기습 공격해 전 세계를 2차대전의 소용돌이 속으로 몰아넣었습니다. 한반도는 더더욱 살기가 힘들고 어려워졌습니다.
　봉려관은 항상 의심의 눈초리로 살피는 일본 경찰과 친일파들의 감시의 눈을 피해 기도와 포교에 정진했습니다. 그러나 아무리 몸을 낮추고 일제의 눈을 피해 항일 운동을 지원해도 완전히 의심의 눈초리를 피하기는 어려웠습니다. 그럴수록 봉려관은 의연하고 흔들림 없이 기도하고 불사를 지휘하고, 자신에게 병을 고치러 찾아오는 신도들의 아픔을 덜어주면서 생활했습니다.

　1938년 5월 29일도 다른 때와 다름없는 날이었습니다. 별일이 없으면 봉려관은 주로 관음사에 머물렀습니다. 해월굴에서 기도하고 법당을 돌며 기도하는 것이 중요한 일과였습니다.

　그날 오후, 점심공양을 마친 봉려관은 공양주 보살을 찾았습니다.

　"이보게, 5월 말이니 나물도 많고 버섯도 채취할 수 있을 거야. 채비를 하고 절 주변을 둘러보면서 살펴봅세."

　아닌 게 아니라 음력 5월, 단오가 지나고 아직 입하를 맞지 않은 관음사 주변은 초록이 푸르렀고 나물거리와 버섯들이 풍성했습니다. 봉려관은 기쁜 마음으로 나물과 버섯을 캐 망태기에 담았습니다.

　이전에 함께 따라간 제자 스님들이 봉려관에게 이렇게 물었습니다.

　"스님, 어떻게 척 보시기만 해도 사람이 먹을 수 있는 버섯, 나물과 독초와 독버섯을 가려내십니까?"

"어렸을 때부터 약초를 많이 보기도 했지만, 산중에서
기도하고 아픈 신도들을 고치면서 더 잘 알게 되었지."

그 말대로 봉려관은 독버섯이나 독초를 정확하게 감별해 언제나 안전한 것만 채취했고, 다른 사람이 캔 나물이나 버섯도 반드시 살펴 가려주었습니다.

"절에서 스님들이 기도 정진하며 먹는 공양인데, 혹시나 독초가 섞여 들어가면 큰일이지."

그날도 다른 날처럼 봉려관은 공양주가 요리할 재료에 혹시나 독초가 있나 살피고 이상이 없음을 확인했습니다.

잠시 후 공양주는 공양간으로 들어가 저녁공양을 준비했습니다. 그러고는 봉려관과 함께 채취한 버섯으로 국을 끓였다면서 봉려관에게 먼저 올렸습니다.
　그런데 한 숟갈, 두 숟갈. 봉려관은 그대로 쓰러지고 말았습니다. 딱 두 숟갈 그 버섯국을 입에 대었을 뿐입니다. 그리고 기막히게도 그것이 마지막이었습니다.

너무나 허무하고 아까운 죽음 앞에 사람들은 망연자실했습니다. 그런데 이상하리만큼 누구도 봉려관의 죽음에 대해 진상을 밝히려고 하지 않았습니다.

공양주도 그렇고 가까이 있던 사람들조차 입을 굳게 다물었습니다. 설사 독초나 독버섯이 섞였다 해도 단 두 숟가락에 숨을 거둘 수 있을까, 혹시나 일제의 검은 손길이 미친 것은 아닐까, 하는 의문이 잇따랐지만 어수선한 세상의 풍파에 그대로 묻히고 말았습니다.

하지만 봉려관이 씨앗을 뿌린 부처님의 가르침은 제주
도 곳곳에서 굳게 뿌리내렸습니다.
한라산의 관음사를 비롯해 법화사와 불탑사, 많은 것이
변했지만 여전히 시내 한복판에서 누구에게나
열려 있는 중앙포교당, 봉려관의 피땀과
손길이 닿은 절들이 오늘도 굳건하게
부처님의 뜻을 밝히고 있습니다.
말을 타고 제주를 누비며
세상에 부처님의 자비와
뜻을 펼쳤던 봉려관의
따뜻한 미소처럼….

근대 제주불교를 일으켜 세운 여장부, 봉려관

제주 화북에 들꽃과 바람과 파도를 사랑한 소녀가 살았습니다. 훗날 우리는 그 소녀를 봉려관스님이라 부릅니다.

1899년 집 앞을 지나가던 스님으로부터 자그마한 관세음보살상을 건네받은 안려관은 그날부터 관세음보살 기도에 전념했고, 훗날 1907년 해남 대흥사에서 승려가 됩니다.

근대제주불교 최초의 비구니 봉려관은 갖은 핍박을 인내하면서 1909년 봄, 가시덤불이 뒤엉키고 축축한 기운이 휘감아 도는 한라산 중턱에 관음사를 홀로 창건합니다. 마침내 200여 년간 지속된 제주불교 암흑기를 끝내고 근대 제주불교 역사가 시작된 것입니다. 이 모든 걸 묵묵히 홀로 견디며 써 내려간 봉려관. 우리 모두는 기억해야 합니다.

그러나 안타깝게도 31년간 제주불교를 재건하고 중흥시키는 것이 생활이었던 봉려관의 발자취는 일부 몰지각한 사람들에 의해 수차에 걸쳐 왜곡되었고, 고의로 지우는 일들이 자행되었습니다.

더욱이 봉려관의 업적을 다른 사람의 업적으로 둔갑시키는 등 사사로운 목적을 달성하기 위한 추측이나 상상을 공적인 역사 사실로 내세우는 일이 부끄럼 없이 자행되어 왔습니다.

그동안 누가 진심으로 봉려관에게 관심을 가졌던가!
이제 더 이상 제주불교계를 비롯해서 비구니계 그리고 대한불교조계종은 봉려관에게 빚을 져서는 안 됩니다. 봉려관의 업적을 있는 그대로 드러내야 합니다.

봉려관스님이 입적한 지 82년이라는 시간이 흘렀습니다. 비록 늦은 감은 있지만 봉려관 생애가 세상에 첫발을 디뎠습니다.
봉려관스님의 생애만큼이나 단단한 필치로 스님의 전 생애를 그려낸 윤필 작가, 각 장에 시적인 향기를 불어넣어 준 이향순 작가, 새로운 눈으로 참신하면서도 따뜻하게 봉려관스님을 그려 준 루스 앨런, 아이 어른 모두가 편안하게 읽을 수 있게 세심하게 글을 다듬어 준 이지안 편집자에게 봉려관을 대신해 거듭 감사의 마음을 전합니다.

애초 귤꽃 향기 그윽한 5월에 내려던 계획이 늦어져 음력 5월 28일 82주년 봉려관 다례제에 맞추어 낼 수 있었습니다.
다시 다듬어 이제 새로운 모습으로 세상을 향한 발걸음을 합니다.
이 책을 대하는 사람마다 용기와 마음의 평안을 얻으면 좋겠습니다.

2020년 10월 사단법인 봉려관불교문화연구원 원장

혜달

글 윤필(강민숙)

동국대학교 불교학과 재학 시절 동국문학상(소설 부문)을 수상하였으며, 졸업 후 방송작가로 일하면서 많은 프로그램을 집필하였습니다. 드라마스페셜 〈불이문〉, 〈원폭 60년, 끝나지 않은 이야기〉, 〈21세기, 새로 쓰는 가족 이야기〉, 〈한국의 미〉, 〈지구촌 오늘〉, 〈생방송 오늘〉, 〈라디오 24시〉, 〈불자수첩〉, 기획특집 〈산불, 그 후〉 등을 집필했고, 지은 책으로 『생로병사의 비밀』, 『머리가 하얀 남자(김덕룡 정치칼럼)』, 『빛깔 있는 책들(시리즈)』 등이 있습니다.

글 이향순

서울대학교 영어교육과를 거쳐 미국 펜실베이니아주립대학교에서 '아일랜드 근대극에 나타난 유랑민 연구'로 영문학 박사학위를 받았습니다. 지은 책으로 『비구니와 한국 문학』이 있으며, 『한계를 넘어서-묘엄스님 생애와 한국 비구니 승단』을 번역하였습니다. 또한 좋은 어린이 책을 우리말로 옮기는 일에도 관심을 갖고 여러 그림책을 번역했습니다. 현재 조지아대 비교문학과 교수로 재직하고 있습니다.

그림 루스 앨런 (Ruth Allen)

미국 조지아주 애텐스시에 있는 작은 초록색 집에서 하얀 하운드 강아지와 살고 있습니다. 주로 아크릴이나 수채화에 집중하면서 디지털그림 작업도 합니다. 애텐스의 린든하우스의 전시회에 4년 연속 초청되었고, 빅시티브레드, 토마토 헤드, 플리커, 더 그릿, 라스트 리조트, 힙 등지에서 개인전을 열었습니다. 최근에는 샌프란시스코와 로스앤젤레스의 화랑에 전시될 작가로 선정되어 작품을 준비 중입니다. 사랑과 상상력에 대한 어린이책 『핑크 케이크』를 쓰고 그렸습니다.

감수 혜달

1982년 법희스님(광주 흥룡사)을 은사로, 자운스님을 계사로 출가 수계하였으며, 1987년 자운스님을 계사로 구족계를 수계하였고, 1988년 3월 봉녕사승가대학을 졸업하였습니다. 2002년 국립대만사범대학에서 박사학위를 취득했으며, 중국 당·송대의 조사선, 묵조선, 간화선을 전공했습니다. 일본 리쓰메이칸대학 교환연구생, 일본 하나조노대학 연구원, 동국대학교 선학과 강사, (사)보조사상연구원 연구위원을 역임했습니다. 2018년 봉려관 생애 최초 연구논문인 「근대 한국여성의 선구자 해월당 봉려관스님」을 발표하여 그동안 고의적으로 왜곡시킨 봉려관의 행적을 고증해서 바로잡았으며, 봉려관의 항일독립운동을 최초로 세상에 알렸습니다. 현재는 제주근대불교사 교차검증에 임하고 있습니다. 현재 관음정사(제주) 문화원장, BBS제주불교방송 운영위원(감사), (사)봉려관선양회 이사, (사)봉려관불교문화연구원 원장을 역임하고 있습니다.

* 참고 자료

「근대 한국 여성의 선구자, 해월당 봉려관 스님」, 혜달 지음, 사) 탐라성보문화원, 2018
『제주의 여성 리더 봉려관』, 혜달 지음, 봉려관불교문화연구소·사) 봉려관선양회, 2019
『봉려관』(가제), 혜달 지음, 출간 예정